SSTP IB | SEE | 主编 · 周泠仪

IBDP 课程

给中国学生的IB学习手册

上海科学技术出版社

内容提要

近几年，想要就读和正在就读IBDP的学生越来越多，但缺少系统性的IBDP经验分享。本书收集了200个IB学生及家长最关心的问题，并给出IBDP课程在读学生的切身体会和接地气的可靠信息。此外，附录中还介绍了中国各地区开设IBDP课程的相关学校信息，以让读者更直观地了解中国IBDP课程概况。希望能为即将就读和在读IBDP学校的学生及其家长提供一定的帮助。

图书在版编目(CIP)数据

IBDP课程200问：给中国学生的IB学习手册 / 周泠仪主编. —上海：上海科学技术出版社，2018.11(2024.3重印)
(SSTP IB I SEE)
ISBN 978-7-5478-4212-6

Ⅰ.①I… Ⅱ.①周… Ⅲ.①课程-高中-升学参考资料 Ⅳ.①G634

中国版本图书馆CIP数据核字(2018)第233304号

责任编辑 朱先锋

IBDP课程200问——给中国学生的IB学习手册
主编 周泠仪

上海世纪出版(集团)有限公司
上 海 科 学 技 术 出 版 社 出版、发行
(上海市闵行区号景路159弄A座9F-10F)
邮政编码 201101 www.sstp.cn

上海当纳利印刷有限公司印刷

开本 720×1000 1/16 印张 8.75
字数：73千字
2018年11月第1版 2024年3月第7次印刷
ISBN 978-7-5478-4212-6/G·865
定价：68.00元

编写人员名单

主　编

周泠仪（上海市世界外国语中学国际部 IBDP 学生）

负责：写作计划拟定、进度监督、全书的整理和统稿

撰写内容：IV. IBDP 的必修课——英语 B；

V. IBDP 的选修课——个人与社会；

VI. IBDP 的选修课——科学(生物、物理)；

VII. IBDP 的选修课——艺术类(视觉艺术)；

VIII. IBDP 的选修课——第二外语(德语)

参编人员

陈晓儒（上海市世界外国语中学国际部 IBDP 学生）

撰写内容：附录

董婧（中国香港特别行政区哈罗国际学校学生）

撰写内容：XIII. 应对标准化考试；

XIV. 申请英国大学时的注意事项

符晞雯（上海市七宝德怀特中学国际部 IBDP 学生）

撰写内容：X. 社团活动

关净植（上海市世界外国语中学国际部 IBDP 学生）
撰写内容：I. 认识 IBDP；
XII. 志愿服务

顾之玮（上海市世界外国语中学国际部 IBDP 学生）
撰写内容：附录

刘鎏（上海市世界外国语中学国际部 IBDP 学生）
撰写内容：VII. IBDP 的选修课——艺术类(音乐)

刘芷谦（上海市世界外国语中学国际部 IBDP 学生）
撰写内容：I. 认识 IBDP；
附录

陆清扬（上海市世界外国语中学国际部 IBDP 学生）
撰写内容：XI. 活动与自我

潘薇霖（上海市世界外国语中学国际部 IBDP 学生）
撰写内容：I. 认识 IBDP；
VI. IBDP 的选修课——科学(总体介绍)；
VIII. IBDP 的选修课——第二外语(法语)

王若清（上海市平和双语国际学校 IBDP 学生）
撰写内容：II. IBDP 的必修课——中文 A；
III. IBDP 的必修课——数学；
IV. IBDP 的必修课——英语 B；
IX. IBDP 的核心课程

王司宇（上海市世界外国语中学国际部 IBDP 学生）
撰写内容：附录

序 1

那些水滴石穿般坚韧、实干的 IB 学习者

当周泠仪同学带着一捧赤诚，拿着初版影印本的《世外IB 求生手册》到我办公室，信誓旦旦地说要启动“IB 求生手册”的升级更新项目，并且以出版为目标时，我脑中冒出的第一反应是：少年，这是一个“大坑”，你确定要跳么？

和上海市世界外国语中学最早的 Crunchy Zoo 嘎嘣脆动物园语言社创始人高中 2016 届毕业生张卿宁、罗彦亭、钟安妮一样，每一届的社长们从来不会空着手来找我谈项目，周泠仪看到我有些迟疑不接她的话，便拿出手机给我看她当时颇为简单的写作计划。一边听着周泠仪的说明，一边回忆起当时 Crunchy Zoo 语言社创立的始末——这是当时学校第一个由 9 年级学生申请创建成功的社团，也是第一个完全由学生发起的以学术与学术类服务为基础的社团，创社伊始设定了三个社团基本项目：语言学竞赛、读书、翻译服务，而最初的翻译服务项目就是四处搜罗 IB 课程相关的信息和学习方法讨论，目的是给即将就读 IBDP 的同学们提供经验分享。经过一整个暑假群策群力地翻译，一整个寒假一字一句地轮流校对，到了下一个招生季时，新生班级的讲台上便都多了几本供大家翻阅的《世外 IB

求生手册》。

这本小小手册的第一版，一用就是三年，直到周泠仪同学入学的2019届。周泠仪和许许多多通过各种其他渠道（线上答疑、展会介绍、学生大使馆讲座）获取IB普及信息的同学们发现，原来的手册早已不够用了：IB课程与时俱进，三五年就是一轮改革创新；IB学校在中国越来越本地化、开办IBDP的学校越来越多，同学和老师都开始互通有无、希望更好地了解IB课程及其学习方法；IB课程的核心内容——CAS活动在每个学校的发展方式也更加日新月异，面对竞争日益激烈的升学压力，大家愈发想要提前了解IB课程的方方面面，以及如何做好IB课程与其他各项大学升学任务之间的平衡。看着旧版《世外IB求生手册》琢磨了一年，跟Crunchy Zoo的小伙伴们张罗了一年，周泠仪最终选择了在学习任务最重的11年级启动了这本IB求生手册的升级更新项目，从初版的翻译资料为主，到运用多方位的研究手段进行调查问卷筛选出当下学生最关心的提问、翻遍市面上的IB书籍和网络信息、对比不同学校课程设置的差异、访谈了众多IB学校老师、学生和毕业生。短短一年的时间，周泠仪和她的图书编写团队一起，为我们带来了一本可以说是市面上非常接地气又具参考价值的IB指南。

听完周泠仪的项目计划后，我建议她试着跳出原来学长们的思路，另辟蹊径，用中学生自己喜欢并且通俗易懂的方式，来重新介绍IB课程的方方面面。周泠仪思路敏捷，当场就提出可以使用问答形式，书的名字就叫做“IB百问百答”。尽管对于周泠仪来说，这套新想法与她原来的方案完全不同，但她迅速地想好了新办法和任务分配——让社团中的同学进行问题收集和整理，从最简单的“IB是什么”到细分课程中的方方面面，再到活动平衡、考试技巧等包含着学生们真知灼见的提问。不仅如此，她还专门与已经撰写过不少专题类IB问答的世外学生大使馆团队深度合作。

带了六年的各类学生活动，看到兴致勃勃、志气满满的周泠仪和她事无巨细的计划，我暗暗祈祷她的图书合作项目能够尽可能的顺顺利利——每一年，学生活动都有大量的“难产”和“流产”，因为一旦涉及小组合作，人多力量大的另一面，就是放大版的“三个和尚没水喝”的故事。对于周泠仪的项目，时间进度的把握、文字内容的质量审核、信息来源的真实性核验、采访故事与数据的筛选精简，几乎每一个步骤都远远超出一个高中生的能力。一个高中生写一本网络小说并不稀奇，古往今来少年成名的作家并不少见，但需要大量信息整合的教育研究合作项目，仅仅就人力整合这个板块，周泠仪就会面对许许多多意想不到的情况。

每个月阶段性的社团小结，有时候是从周泠仪那里，有时候是从Crunchy Zoo其他项目的负责人那里，断断续续地听到各种顺与不顺的事情，从原本四五个核心成员，到十几二十多个板块内容撰写和外校援兵，难免磕磕绊绊。但无论发生了什么，周泠仪最多也就是“隐姓埋名”地吐个槽，立刻带着她小太阳一般的能量，满血复活继续赶进度——我最大的担心从来没有发生，似乎是看出我心思的周泠仪常常冷不丁地在我例行公事询问进度的时候来一句“一定会做完，我一定要做完”的豪言壮语。

2018年春季，伴随着高三学子们雪片一样的大学录取喜报，周泠仪团队的新版IB问答手册完成了初稿。这是一本近七万字，完全由高中生自主设计、研究、编写的IBDP国际高中课程说明，编排和细节尚显稚嫩，但每一个问题，都命中要点，可以说是各所IB学校在招生时被地毯式轰击的提问。书中世外老师们和同学们欣然接受采访、提供各类关键信息，无疑体现了周泠仪和她的小伙伴们高效的执行力和号召力，以及世外对学生活动的鼎力支持。

时至今日，《IBDP课程200问——给中国学生的IB学习手册》成书在即，希望这本凝结了周泠仪和她的图书编撰团队无数心血、传承着世外与世外学生社团以赤诚之心、学术之力服务社会精神的小书，能够让更多的关注国际教育、关注IBDP、希望成为和他们一样优秀、实干、敢于自我挑战的IB学习者、家长和教育者们，得到他们想要的答案。

林凡茗

上海市世界外国语中学大学升学负责人

Crunchy Zoo 嘎嘣脆动物园语言社指导老师

2018年6月

序 2

作为中国起步较早的 IB 从业者之一，我从 2007 年开始接触 IB 课程，其间经历了 IB 课程从冷门无人知晓，直至今日百花齐放、蓬勃发展的演变历程。现如今，IB 课程已与 A-Level 课程和 AP 课程并称为三大主流国际课程。

在中国为数众多的 IB 学校中，我所工作的上海市世界外国语中学是老牌名校，在保持较大毕业生规模(年均 150 人左右)的前提下，学生的 IB 世界大考平均分常年保持在 38 分以上(满分 45 分)，海外名校录取成绩斐然。学校倡导“积极参与、努力实践”的办学理念，在 IB 十大学习者培养目标的前提下，学校的 CAS 活动(创造、行动、服务)开展得丰富多彩。CAS 活动是 IB 课程的核心课程，它要求学生自主开展各种课后活动。目前学校有 70 多个学生社团。其中，Crunchy Zoo 社团是具有较高知名度的社团。这个社团以语言文学为主题，固定的活动中不仅有组织社员参加语言奥林匹克大赛，同时还有翻译服务活动，这个社团在几年前就写了一本服务校内选择 IBDP 课程学生的《世外 IB 求生手册》。该书以风趣幽默的方式详细介绍了 IBDP 课程的点点滴滴，为选择 IBDP 课程的学生和家长提供了更为直接的信息，因此一经推出就大受好评。

此次，Crunchy Zoo 语言文学社在原书基础上全新推出升级版并正式公开出版了本书，并命名为《IBDP 课程 200 问——给中国学生的 IB 学习手册》，其目的是与全国的 IBDP 在读学生及潜在的就读学生分享经验，让更多处在迷茫状态中的学生受益。全书分为 14 个部分，分别介绍了 IBDP 课程在国内的开设情况，并提供了学好这些课程的可借鉴的方法；IBDP 学生所开展的活动，以及经营活动的技巧；浅谈 IBDP 学生在这样一个充满挑战的体系中如何去面对标准化考试带来的考验；申请美国大学本科和英国大学本科的注意事项。除了以上内容外，本书编写人员在附录里还附上了中国各地区 IBDP 学校的相关信息，让读者更直观地了解 IBDP 课程在国内开展的概况。

本书的主编周泠仪是我校高二年级学生，在世外的教育环境中已就读 11 年之久。在世外和 IBDP 教育理念的影响下，她兴趣广泛，尤其对弱势群体的权益问题产生了浓厚兴趣。她曾经通过拓展型论文和实地调研的方式研究了养老院存在的问题，并设计了一套方案来保证养老院中老人的权益。周泠仪也是 Crunchy Zoo 语言文学社的副社长，在决定升级修订原书后，她进行了一系列招新、选拔、布置任务、写作和修改工作，历时 12 个月之久，其坚强面对坎坷的精神让我钦佩。“Think globally, act locally.”周泠仪以实际行动诠释了世外学子的格局和胸怀。希望本书能给对 IBDP 课程感兴趣的学生和家长带来一些收获！

岑晓华

上海市世界外国语中学校长助理

2018 年 7 月 23 日

前言

1968 年，一个全新的课程体系——国际文凭组织——诞生在瑞士日内瓦。它化身为众多国际课程中一道亮丽的光，影响力逐渐由瑞士扩大到全欧洲，最后遍及全世界。

近几年，选择就读 IBDP 的学生越来越多，而 IBDP 课程由于其难度大，让不少学生吃尽苦头。在这样的情况下，我们决定写一本 IBDP“生存”手册，旨在为“迷途”的 IBDP 学生指路，让他们的学习生活轻松一些。

很多人问过我，你为什么一定要做这件事？国际文凭组织官网上不是已经把关于 IBDP 课程和活动等信息全都告诉读者了吗？我觉得，纵然官网上已经涵盖了关于 IBDP 课程体系的方方面面，我们也要出这本书。原因在于，参与编写本书的作者都是在 IBDP 学校就读的学生，有切身的体会和非常接地气的信息。我们虽不能保证在本书中给出非常权威的建议，但是我们保证每一条建议都经过大量实践检验，且经过认真思考。

在本书中，我们会分 14 个部分向大家介绍 IBDP 的求生策略。分别涵盖了以下内容：针对 IBDP 的课程进行学习方法的探讨；搜集各路 IBDP 精英学生在活动组织方面的宝贵体会，向读者分享活动经营的经验；浅谈 IBDP 学生在 IBDP 体系的考验下如何应对标准化考试的挑战；介绍 IBDP 学生在大学申请中的相关注意事项。此外，我们还附上了中国各地区 IBDP 学校的相关信息，让读者更直观地了解 IBDP 课程在国内的概况。

最后，衷心希望每一位读者都能尽情享受阅读本书的过程，祝每一位学生在 IBDP 的学业中都取得属于自己的成功！

编　者

2018 年 7 月

目　录

I. 认识 IBDP

1. IBDP 是什么?

1968 年,国际文凭组织(International Baccalaureate Organization,简称 IBO)在联合国教科文组织登记注册,正式成为一家教育和考试机构。该组织的课程自成一体,既具有与世界各国教育课程体系之间的兼容性,又具有自己教育理念发展下的独特性。IBO 汲取世界各国的教改精华,推行师生的创造性理念,培养 IB 学生成为具有多元文化和多学科知识的优秀个体。此外,IB 课程体系具有国际性和挑战性,并且重视学业质量和社会服务。

IBO 建立的课程有多种,其中包括小学项目(Primary Years Programme,简称 PYP)、初中项目(Middle Years

---

注:书中提及的相关政策、入学条件等信息仅供参考,具体请参见相关机构的具体要求。

Programme，简称 MYP）、就业相关项目（Career-related Programme，简称 CP）以及高中项目（Diploma Programme，简称 DP）。因此，IBDP 即 IBO 开设的所有课程中的高中部分，全称为国际文凭课程（International Baccalaureate Diploma Programme）。

2. IBDP 课程的学制是几年？

IBDP 课程是由 IBO 为高中学生设计的为期两年的大学预科课程，一般开设在高二、高三两个年级，有的学校会有 1 年到 1 年半的预备 IBDP（Pre-DP）课程作衔接。

3. AP、A-Level 和 IBDP 之间有什么区别？

AP（Advanced Placement Courses，美国大学先修课程）

难度：★★★★☆

性质：课程＋学科考试，可自学、无文凭。

AP 学分不仅可以作为入学参考标准，还可以折抵大学学分，节省高昂的大学学费。所以部分参加国内高考的学生，选择考取美国大学时，一般都会选择修几门 AP 课程。

A-Level（General Certificate of Education Advanced Level，英国普通中等教育证书考试高级水平课程，又称英国 GCE 考试甲级标准）

难度：★★★☆☆

性质：课程＋学科考试，可自学、无文凭。

A-Level 考试满分为 600 分。全球不同大学和不同专业对于 A-Level 的成绩要求不尽相同。概括地说，学生至少要学习三门课程，只要在两门课的考试中取得 E 即可达到一些普通大学的入学标准；对于较好的大学，则要求学生三门课的成绩均应达到 C 以上；对于世界一流大学如牛津、剑桥、哈佛等名校，则要求学生三门课的成绩均达到 A 或至少两门为 A。

IBDP

难度：★★★★★

性质：课程＋考试＋文凭，一般需要在学校注册学习才能拿到文凭。

一般来说，IBDP 课程需要在校读满高二到高三（即 11 至 12 年级）的完整两年；国内的一些 IB 学校还开设了预备 IBDP 课程，从高一（10 年级）甚至初三（9 年级）下学期就开始 IBDP 课程的学习，这样相对比只读两年的学生更有竞争力。

4. 选读 IBDP 课程需要多少费用？

选读 IBDP 课程需要考虑以下几类费用：

（1）学费。每个学校的学费不同，具体需要参考学校当年的招生简章。一般来说每学年学费在 10 万元以上，有的学校每学年学费高达近 30 万元。

（2）校外培训费。选读 IBDP 课程的学生一般会根据自身情况参加校外培训。培训内容包括 IBDP 学科知识培训、AP 等考试培训、其他特长培训等。培训费用因人而异，有的同学每学年的培训费用需要近 10 万元。

(3) 考试费用。参加 SAT 考试的同学，需要到境外参加考试，这也是一笔不小的支出。

(4) 中介费。多数同学都会选择留学中介帮忙申请大学，涉及费用差异很大。有的只需要四五万元，有的高达几十万。

5. IBDP 要培养的是什么样的学生？

IB 学习者档案(Learner Profile)明确指出，IBDP 要培养的是：

勇于探究的人(Inquirers)

知识渊博的人(Knowledgeable)

勤于思考的人(Thinkers)

善于沟通的人(Communicators)

有原则的人(Principled)

思想包容开放的人(Open-minded)

关爱他人的人(Caring)

敢于冒险的人(Risk-takers)

均衡发展的人(Balanced)

善于反思的人(Reflective)

IBDP 旨在培养一个拥有挑战性思维的人，成为积极、富于同情心、理解他人、具有国际化视野的终身学习者。

6. IBDP 适合哪些学生就读?

IBDP 课程是富有挑战性的课程,使用全英文课本(除了非英语的母语课程外),注重学生文理均衡发展,注重培养学生的批判性思维能力和逻辑思维能力。因此,IBDP 课程一般适合拥有良好的英文基础、不偏科、思维缜密、善于整合信息的学生。

IBDP 课程对于培养学生社会责任感和跨学科综合能力相当重视。学生可以通过学习 IBDP 课程培养较强的社会服务意识,较强的综合分析问题的能力,以及较强的写作和交流能力,为自己的将来打好基础。

此外,IBDP 课程作业量大,学习进度快,学生每天需要投入大量时间才能完成校本作业和学术研究项目。因此,IBDP 课程对学生的时间管理能力有很高的要求,并强调做事有条理性。

7. 读 IBDP 之前需要做什么准备?

建议利用暑假等时间夯实自己的英语基础,重点培养英语阅读能力和分析能力。例如,可以阅读英文原著(《傲慢与偏见》《蝇王》等名著),阅读过程中注意积累生词,同时思考作者的写作思路。如果能做到用一个暑假基本吃透一部英文原著的内涵,那么你在正式开始学习 IBDP 后便能比较得心应手地面对全英文课本了。

此外,还可以尝试去寻找和外国人面对面交流的机会,以提升自己的英语口语能力和交流胆量。例如，去外企做实习生，或者在外国人较多的西餐馆里打工。总之，尝试把自己浸润在一个英语环境中，这样上 IBDP 课程时，你和外教老师的交流就能十分顺畅。

8. IBDP 课程体系是怎样的?

IBDP 的课程分为六大基础课程学科组。它们分别是:

(1) 语言文学学习，即学生的母语学习。(中国学生母语即中文)

(2) 语言学习，母语以外的其他现代语言(英语为必修，其他语言例如法语、德语、日语、西班牙语等可选修其一)。

(3) 个人与社会(人文科学)，包括历史、地理、经济、哲学、心理学等。

(4) 科学，包括物理、化学、生物、计算机科学、设计技术以及体育、运动与健康科学六门学科。

(5) 数学，包括超高级、高级、标准级和初级数学。

(6) 艺术类，包括视觉艺术、音乐、戏剧艺术等。

学生共要选择六门课程，母语、英语和数学三门为必修，其余三门则可在个人与社会、科学、语言学习的其他语种以及艺术类这四个领域中进行选择，其中个人与社会和科学中必须选择一门。如若学生不愿选择艺术类学科，则可以在科学或者语言学习中再选择一门。

选课后，每一门课程又分为高水平(Higher Level，简称 HL)和标准水平(Standard Level，简称 SL)等。高水平的难度明显较标准水平上一个层次。学生要根据自己的学术能力和兴趣点，选出三门高水平学科和三门标准水平的学科。

9. IBDP 的三大核心课程是什么?

除了学习以上六个基础课程外，所有学生还必须完成以下三项重要的核心课程：

(1) 创新、行动与服务(Creativity, Action, Service，简称 CAS)：此项课程鼓励学生通过参与学校文体活动、社会活动和志愿者服务，培养学生的同情心、社会责任感以及团队合作精神。

(2) 知识论(Theory of Knowledge，简称 TOK)：知识论是一个跨学科的课程，教导学生从主观和客观、正面和反面多层次思考和分析问题，去反思自己在学校和社会上获得的知识和经验，以求在学习中尽快找到适用于自己的学习方法。

(3) 拓展性论文(Extended Essay，简称 EE)：IBDP 课程要求学生把自己学习的知识和研究方法结合起来，任选自己有兴趣的课程，在辅导老师的指导下，用 9 个月的时间从事独立研究，按照大学学术论文的写作要求，撰写一篇 3 000～4 000 字的研究论文。通过撰写论文，学生能提高独立思考能力、搜集信息能力、论文写作与表达能力等。

若想要进一步了解三大核心课程，详见问题 138 至问题 149。

10. IBDP 的分数如何设置?

IBDP 每门基础学科的评分等级为 1～7 分,最高分为 7 分,4 分为及格。知识论、拓展论文和创新、行动与服务三门核心课程平时以 A、B、C、D 档评分。在最终的 IBDP 大考中,这三门课的满分为 3 分。加上选择的六门 IBDP 基础学科,总的大考满分是 45 分。

11. IBDP 是如何对学生进行评估的?

学生考核有学校内部评估(Internal Assessment)和外部评估(External Assessment)两种。学完两年的课程后,所有学生会参加一次全球统考,即 IBDP 大考,也就是所说的"外部评估"。每个科目(除了视觉艺术外)一般都分成两份考卷,即我们常常说的试卷 1(Paper 1)和试卷 2(Paper 2),有一些高水平课程(如经济和历史)还会有试卷 3(Paper 3)。

IBDP 课程评价系统是全方位的,除此类大型考试评估之外,还有其他分课程类别的考核,如中文的独立口语展示和独立口语评论等(详见问题 32 至问题 35)。

如问题 8 中所言,学习 IBDP 课程的学生需要在自己选择的六门基础课程中再分别选层(即选择三门高水平和三门标准水平)。学生选层不同,所参加考试的形式和时间也就不同。高水平的考试时间一般长于标准水平的考试时间。

12. IBDP 文凭有哪些特殊优势?

一般说来,学生如果持有 IBDP 文凭,则不需要参加除了标准化考试以外的其他考试。IBDP 文凭是一个极具价值的世界通用大学预科文凭,持有 IBDP 文凭的学生在升学进修的竞争中是占有优势的。在修完 IBDP 后常可跳过语言课程直接读大学,在未来的工作中也比修读其他国际课程体系的学生更有优势。

13. 学习 IBDP 课程的优势和劣势有哪些?

优势 1:IBDP 文凭认可度高。取得 IBDP 文凭的学生在申请大学时可以跳过很多学校特定的入学考试,直接凭 IBDP 成绩和标准化考试成绩申请学校。

优势 2:小班化教学效果。IBDP 平均每个班的人数不超过 26 人(有的学校班级不超过 20 人),相对国内普通高中学校能更好地达到小班化教学效果。IBDP 的学生更容易被老师重视,进而被鼓励,勇于探索自己感兴趣的领域。

优势 3:IBDP 文凭更强调培养学生终生学习的能力。IBDP 课程通过多种途径和方法培养学生的终生学习能力,最能体现这一点的课程要求是撰写论文。IBDP 课程各学科均要求学生自行选题撰写学科小论文,教师对学科小论文进行评分,评分计入 IBDP 课程最终总分;除此之外,IBDP 课程要求所有学生提交一篇拓展论文,成绩计入 IBDP 课程最终总分。通过撰写论文等,培养学生调查、分析、设计方案、表达、反思等终生学习能力。

劣势：IBDP 课程相对学习压力更大。IBDP 的学习时间只有两年(部分学校为 3 年)，比国内普通高中课程缩短了一年。同时 IBDP 课程更重视过程性评价，设置内部评估。学生的作业完成情况、每一次的考试成绩、学科论文、拓展论文等平时校内表现均计入 IBDP 总分。因此，IBDP 学生更加重视每一次考试、作业等校内表现，几乎每时每刻都不能放松，学习压力大。

14. 如何选择自己要学习的 IBDP 科目？

如果你想申请美国排名前 60 的学校，那么你的六门 IBDP 基础课程总分数应该要得到 37 分及以上(满分 42 分)。如果你要申请美国排名前 30 的学校，那就要得到 39 分及以上。如果你要想申请美国的常春藤大学(全美排名 5 至 20 之间)，那么你的 IBDP 基础课程总分最好要在 40 分及以上，再加上核心课程的分数(满分 3 分)，至少保证 42 分以上(满分 45 分)。

因此，为了考虑未来申请大学，请同学们选课时不要一味地追求课程难度而全都选择高水平。这似乎表明你的学习能力非常强，但实际上你的单科分数可能并不高，7 分满分里只能拿到 4 分或 5 分。如此一来，六门课的总分也因此会受到很大影响，对将来的大学申请很不利。所以建议选课时，一半根据自己的兴趣，一半还是要考虑成绩。假如这门感兴趣的课的高水平真的非常难，那么在选择其他科目水平的时候则需要做一个权衡，以保证自己的总分不至于太低（一般不低于 37 分）。

选课时，还可以问自己下面几个问题。

问题一：我的英语水平是否已经达到选择这个课程的最低要求？（托福 80 分以上，单科不低于 18 分；雅思 6 分以上，单科不低于 5 分。）

问题二：我的学业水平是否比较均衡，没有明显偏科？

问题三：我的自我管理能力是否达到了选择这个课程的要求？（在时间方面，既要平衡六门基础学科课程和三门核心课程之间的矛盾，也要平衡课业与标准化考试之间的矛盾。）

15. 如果发现所选择的 IBDP 科目或选层不适合自己，有机会改吗？

根据 IBDP 选课规范，Pre-DP（10 年级，即 IBDP 预备年级）作为衔接阶段，学生只选学科，不选水平。若要更改自己所选学科，需从班主任处领取申请表，按照规定程序，直到收到 IBDP 协调员的正式通知才能变更学科。若私自变更，IBDP 部门不予承认，造成的后果由学生自行承担。以上海市世界外国语中学 IBDP 部门为例，在高二（11 年级）时，学生按照 IBDP 要求为所选学科选择水平，变更流程与 10 年级基本相同。IBDP 课程分为标准水平课程和更具挑战性的高水平课程。而高三（12 年级）的学生原则上不允许对选课和水平有任何更改。也就是说，学生就读期间分别有一次更改选课和一次更改学科选层的机会，而学校对此有各自的时间期限，逾期的申请将不被受理。

16. 如何将自己的兴趣融入 IBDP 课程中?

每个人对这个问题的看法都不一样。所以在此处仅代表个人意见，供读者参考。兴趣可以是一时的好奇，也可能是长期的热情。假如你对某门学科只是一时好奇，则建议你以拿到好分数为主要目标，甚至是最终目标。但如果你对某门学科有着长期热情，并且你心中深信这份热情不会轻易冷却，那么请你充分利用 IBDP 的丰富资源，对这门学科进行深入探索。例如，你若是一直以来对文学有着浓厚兴趣，一提到文学就兴奋不已，那么你在 IBDP 学习中就必须力争理解每部文学作品的深刻含义，而不仅仅是停留在表面文字，读罢后脑中只留下了个大概印象。解析文字是困难的，但你可以采取多种方法化解困难，例如，积极同老师交流观点或者自己上网查阅相关文献。在经过这些努力后，你会发现自己不知不觉间已经对作品的内涵有了更深刻的认知，从而使得你内心感到满足。

17. 无法取得 IBDP 文凭怎么办?

目前，中国学生通过 IBDP 考核并取得 IBDP 文凭的比率超过 80%。如果学生由于种种原因达不到所有课程的考核要求，无法取得 IBDP 文凭，IBO 组织会向学生颁发考核合格科目的单科成绩单(不包括知识论和拓展论文)。学生凭借 IBDP 单科成绩单和标准考试成绩也可以申请境外大学。

18. 什么是 IBDP 单科证书课程班?

有些学生希望得到 IBO 组织认可,但学业水平达不到取得 IBDP 全文凭课程的要求,或者还没有最终决定参加 IBDP 全文凭课程学习。为满足这部分学生的需求,部分学校开设了 IBDP 单科证书课程班,俗称 IBDP 单文凭班。

19. IBDP 全文凭班与单科证书课程班有什么区别?

全文凭班需要学习六门基础课程,此外还要必修三门 IBDP 核心课程,即知识论、拓展论文和创意、行动与服务。而单科证书课程班只需要学习选定的几门基础课程,一般为四门,而对于 IBDP 核心课程不作要求。

20. IBDP 单科证书课程班一般开设哪些课程?

单科证书课程班一般开设中文 A、数学与英语 B 三门基础课程,另会请学生在视觉艺术、经济和音乐等学科中任选一门进行学习。一般学校还会要求学生完成国内高中语文、历史、地理、政治、物理、化学、生物等课程的学习,以便取得国内高中文凭,多余时间用于提高标准化考试成绩等。

21. IBDP单科证书课程班的哪一门课程值得推荐?

推荐选择经济学科,大多数同学会选择这门课程。这是因为视觉艺术以及音乐需要一定的基础,否则零起点学习起来会比较有难度。而历史由于需要阅读大量材料,并且要高频率地写作和辩论,对学生的英文阅读能力和逻辑分析能力的要求是相当高的,充满挑战性。

22. IBDP单科证书课程班的同学相对于全文凭班的同学有哪些优势和劣势?

相比全文凭班,单科证书课程班的同学学业压力更小。因为他们一般只需要学习四门课程,所以能够有更多的时间去做自己想要做的事情,为自己未来的方向获取相关的经验。

但是,由于单科证书课程班的同学不需要学习 IBDP 核心课程,因此他们培养逻辑思维能力、数据分析能力、批判思考能力和系统经营课外活动能力的机会比全文凭班的同学少很多。

23. 各个大学是否承认IBDP单科证书课程班的最终学习成绩?

IBDP 单科证书课程班的学习成绩和 IBDP 全文凭班

的学习成绩均受大学承认。但一般情况下，单科证书课程班学生的大学申请选择空间相对更小。除非特别优秀，单科证书课程班的学生一般是申请不到美国排名前 20 的学校的，也很难申请到英国名校。

24. 学校怎样帮助新生适应 IBDP 学习生活？

入学第一年，学生普遍会对全英文的课本（除中文 A 外）感到畏惧。为帮助学生减少学习困难，一般学校会采取中英文双语教学。老师往往会用英文引出新概念，用中文解释概念。当学生逐渐适应了全英文课本后，老师便改用英文为主要的授课语言，只有学生实在无法理解概念时，才会补充使用中文。在教材设置上，教材编写者们会尽可能使用简单而直白的英文单词。学生经过一段时间的适应，就能做到不查词典通顺读完一整本教材。

25. 不按时交作业会有哪些影响？

以上海市世界外国语中学为例进行说明，对于不交作业者，年级组长将协同学科教师及时做出处理决定。情节严重者将会受到行政处分。所有处理结果通知学生本人和其监护人，并视具体情况决定是否在年级大会或者学生所在班级通报。对于给予各种处分的学生，学校必须考察一段时间，如学生在考察期间再一次触犯条例，由升学部门记入升学档案。升学档案会在学生本科申请时随着其他申请材料一同递交给大学。由于大学非常注重学生的自我管理能力,因此如果学生的升学档案中一直出现由于作业不按时交而受到行政处分的记录,学生的大学申请将会受到严重的负面影响。

26. 对于诚信违纪行为有何种处罚?

IBDP体系对于任何的诚信违纪行为全部零容忍。无论是考试作弊,还是作业、论文抄袭,一经发现,必须作出书面检查,写明作弊情节以及对作弊行为的认识。该课程成绩一律以零分计,学校给予行政警告处分。情况严重者将被告知学生申请的大学。

Ⅱ. IBDP 的必修课——中文 A

27. 什么是 IBDP 中文 A?

中文A是IBDP六大基础课程体系中语言文学学习(Study of Language and Literature)55个不同子课程中的一个课程。对于母语为中文的IBDP学生而言,这门课属于必修课。中文A分成两个水平:高水平(Higher Level)

和标准水平（Standard Level）。选择高水平的学生需要阅读 13 部具有代表性的作品，学时为 240 小时；选择标准水平的学生需要阅读 10 部具有代表性的作品，学时为 150 小时。尽管学时不同，但是高水平和标准水平的课程大纲是一样的，下面简单介绍中文 A 的课程大纲。

第一部分：翻译作品。选择中文 A 标准水平的学生要学习两部作品，选择中文 A 高水平的学生学习三部作品。这部分旨在深化学生对作品的时代、社会、地域、文化等背景的理解，让学生能够从具体的时代、地域等角度解读作品。这也符合 IBDP 课程的包容与开放精神。

第二部分：精读作品。所选水平要学习的作品数量与第一部分对应相同，但选择的每部作品都为中国作家作品，而且必须分属不同的文学体裁。其中，选择中文 A 高水平的学生必须学习诗歌。这部分设置的目的是让学生熟悉不同文体各自不同的诠释和分析角度。

第三部分：按文学体裁编组的作品。国际文凭课程体系中的文学体裁划分为五类：诗歌、戏剧、散文、长篇小说、中短篇小说。这部分要求学生选择同一体裁的中国作家作品。选择中文 A 标准水平的学生学习三部作品，选择中文 A 高水平的学生学习四部作品。这是为了确保学生对某一类文学体裁作品的相关文学惯用手法有深入的研究，并能进行有意义的比较分析。

第四部分：自选作品。两种水平的学生均要学习三部作品，自由选择，任意组合。为了培养学生的鉴赏兴趣和比较分析能力，大部分老师会让学生进行文学原著与相应电影作品的对比赏析：先看原著，再观影，研究改编过程中增删的考量与得失、文学表现技巧与电影艺术手法的异同等。

28. 通过中文 A 的学习，我可以获得什么？

通过学习中文 A，学生可以获得对文学作品进行细致而全面赏析的技能。此外，学生还可以培养自己的语言表达能力、思辨能力和思维深度。

29. 学习中文 A 的挑战在于何处？

首先是作品的难度。一般来说，大家学习的作品都会表达较为深刻的主题，让 16～18 岁的学生无法一下子理解清楚。因此，学生需要积累大量的背景知识并培养出众的分析能力才能够明白这些主题。

其次是撰写文学评论。很多学生面临着“论点提炼不出”的窘境。往往他们总是有很多话要说，但是却不知该如何表达。解决办法则在于多做思维训练和写作训练，强化自己的论点提炼能力。

30. 中文 A 是如何考核的？

中文 A 的考核分成内部评估和外部评估两部分。内部评估的形式为口试。而外部评估则是最终 IB 大考中更为综合的试卷 1、试卷 2 的考核和写作任务（Written

Assignment，简称 WA）。与平时校内考试中的试卷 1、试卷 2 不同，外部评估的试卷 1 与试卷 2 的考核范围不仅仅是某一阶段中文 A 学习的作品，而是拓展到了学生在整个 IBDP 学习生涯中学习过的所有作品。学生不仅要对单部作品有深刻的认知，更要明白各部作品之间的异同。

31. 中文 A 口试是如何分类和评估的？

中文 A 口试分为两类，分别是独立口语展示（Individual Oral Presentation，简称 IOP）和独立口语评论（Individual Oral Comment，简称 IOC）。所有的中文 A 口试都计入中文 A 学科的内部评估。

32. 什么是独立口语展示？

独立口语展示是考量学生根据自己的选题，借助作品将所选主题之内涵口头陈述清楚的一种考核方式。该考核项目满分为 30 分，学生会被要求根据所学作品选择一个研究角度，当着全班同学的面进行 10～15 分钟的借助多媒体演示的演讲。演讲会被考官录音，打分后递交给 IBO。

33. 如何在独立口语展示中获得高分？

建议学生做好以下准备，以帮助自己取得高分：

（1）聚焦自己的研究主题。这样可以让自己的演讲更深入，也让自己不至于花太多功夫准备展示(内容)；

(2) 制作的多媒体演示文稿只展示提炼出的关键词，增加其可看性；

(3) 展示中不要只顾读稿子，要多和观众进行眼神交流；

(4) 注意逻辑性，避免重复。

34. 什么是独立口语评论？

独立口语评论是考量学生基于对所学作品的理解而发表口头评论的一种考核方式，满分也是 30 分。在考核中，学生会被要求根据一段随机从所学作品中抽出的文本进行 8～10 分钟的口语评论。评论过程中，学生需要分析作者通过何种写作手法达成了何种艺术效果，或者表达了何种内涵。评论过后，学生会和考官进行 10～12 分钟的互动。考官会询问学生问题，其目的是帮助学生将未能深入评论的内容进一步展开。需要注意的是，整个考核过程会被考官录音，最终递交给 IBO 统一阅卷，所以学生必须认真对待。

35. 如何在独立口语评论中取得高分？

建议学生做好以下准备，以帮助自己取得高分：

(1) 在考核前，确认自己对所学作品中的关键文本，特别是课堂上老师花大量时间重点赏析过的文本了然于胸；

（2）在考核过程中不要过分紧张，保证自己逻辑清晰地阐述每个论点；

（3）听清楚考官询问的问题，以便自己深入思考，取得良好的沟通效果。

36. 什么是拓展口语活动？

仅部分 IBDP 学校会对此项内容进行考核。拓展口语活动（Further Oral Activity，简称 FOA）考量的是学生的团队合作能力。在考核期间，学生被要求组成 2～4 人的小组，根据老师提出的与作品相关的问题进行回答。回答形式可以有很多种，包括角色扮演、演讲、访谈、辩论等。在完成展示后，每个组员还要单独写一篇反思（Reflection），和展示一并计入中文 A 的内部评估分数里。同样，学生在进行正式展示的时候也会被录音，有时还会录像。这些资料最后也会递交给 IBO。

37. 如何在拓展口语活动中取得高分？

（1）学生需要对语言、文本和文化之间的关系有深刻的了解；

（2）学生需要明确团队分工，各司其职，以最高的效率完成任务；

（3）学生需要和组员一起进行多次排练，以熟悉“台词”，达成默契。

38. 什么是世界文学口语展示?

仅部分 IBDP 学校会对此项内容进行考核。世界文学口语展示（World Literature Oral Presentation，简称 WLOP）要求学生在阅读了文学翻译作品后选择其中一部作品，自定一个小主题，仿照独立口语展示的形式进行展示，并在此基础上和观众进行讨论互动，以深入了解作品的内涵。该口语展示的成绩也计入中文 A 的内部评估。

39. 如何在世界文学口语展示中获得高分?

参见问题 35 的建议，在此基础上还可做以下努力：

(1) 充分了解文学作品的时代背景，并尝试在演讲中融入这些信息；

(2) 邀请伙伴与自己练习，请他们当场为自己提出几个问题，并开始讨论，以模拟考核现场。

40. 中文 A 笔头考试是如何分类和评估的?

中文 A 笔头考试分三类，第一类是试卷测验（包括了试卷 1 和试卷 2），第二类是写作任务，第三类是反思陈述。内部评估包含了此三类所有笔头考试，外部评估只含第一类。

41. 什么是中文 A 试卷 1?

中文 A 的试卷 1 是写一份 1 500 字左右、满分为 20 分的文学赏析文章。学生需要在 1.5 个小时内(标准水平)或 2 个小时内(高水平)根据出题人给定的一段文本(一般选自已学作品,但是老师不曾对选定的内容做过讲解分析)进行文学手法赏析。

42. 如何在中文 A 试卷 1 上取得高分?

具体的方法因人而异。不过,通常的方法是:穷尽给定文本的内涵,以及保持思路清晰。此外,建议学生在平时多注重对文字敏感度的培养——训练自己在一段看似无意的文本中体会出作者的丰富情感。如果拥有较强的文字敏感度,那么鉴赏时若遇到篇幅短的作品(如苏轼的诗词)就不会难以起笔了。

43. 什么是中文 A 试卷 2?

中文 A 的试卷 2 是写一份 1 500～2 000 字、满分为 25 分的文学评论文章。学生需要在 1.5 个小时内(标准水平)或 2 个小时内(高水平)根据出题人给定的多道命题作文中任选其一进行三论点式的作答。作答的文本中必须使用到至少两部所学过的作品中的文本,否则一般不会获得高分。

44. 如何在中文 A 试卷 2 上取得高分?

试卷 2 是中文 A 学习中的难点之一。学生应当注重论点提炼能力的培养和阐述逻辑性的锻炼。若两者均已克服,那么就要注重培养自己的思维深度。建议学生多问自己:作者的手法为何让我觉得巧妙绝伦?作者文字的背后是否有一层或多层更深刻的内涵?

当然,仅仅思考是不够的。提高试卷 2 得分的关键在于落笔写。学生需要训练自己达到思考与写作的同步,清晰而简练地传递自己的观点。另外,非常建议学生平时练习时用笔在白纸上写作,而不是用电脑写作。这样可以帮助学生避免在正式考核用纸笔写作时因大量涂改造成卷面不清洁而被扣分。

对于外部评估的试卷 2,学生平时还需要仔细查找学过的作品之间存在的异同,找到后必须思考这些异同对作者写作的风格和思路产生了什么影响,以及为什么这些异同值得在自己的论文中被提到。

45. 什么是写作任务?

写作任务是指选择中文 A 的学生需要在所学的某一部翻译作品中选择一篇,拟定一个主题,撰写一篇长度在 1 600～1 800 字的文学分析。其基本要求和试卷 2 相仿,所以取得高分的方法也和试卷 2 相仿,详情参见问题 44。

46. 什么是反思陈述？

反思陈述是学生通过学习一部翻译作品中老师选定的文章而撰写的一篇或多篇记录学习过程和反思的写作作业。每一篇作业的长度在 480 字以内。反思陈述的满分为 3 分，会计入内部评估的成绩并递交给 IBO。

47. 如何在反思陈述上取得高分？

反思陈述主要考核学生对于促成作品诞生的文化背景的认识，以及学生将这些知识有机融入自己反思陈述中的能力。所以学生在写作前要对作品的文化背景和促成作品诞生的重要因素有深入的了解，并在写作过程中提醒自己提到这些背景，建立作者的文字和相关背景之间的联系。

48. 中文 A 的选层建议有哪些？

建议那些非常热爱文学、文字功底强、有志在大学里主修文学、社会学、语言学、政治学、法学等专业的学生选择高水平。建议文字功底一般、更喜欢理科的学生选择标准水平。

选择高水平的学生需要做好心理准备。一般在刚开始学中文 A 高水平的时候，你会面临分数不如意的情况，比如原来在标准水平里你可以拿到 6 分、甚至 7 分，但是到了高水平却一下子降到 5 分、甚至 4 分。出现这种情况的原因在于，高水平对于学生的分析能力、写作能力和理解力都相较标准水平有了更高要求。此时，你要做的是逼迫自己比以往更积极地思考，更频繁地落笔，更勤快地去找老师谈心讨论。成功并非一蹴而就，这一点在中文 A 高水平的学习中更能体现。你需要持之以恒、不断积累，这样才有可能突破。

Ⅲ. IBDP 的必修课——数学

49. 什么是 IBDP 数学?

IBDP 数学是 IBDP 的必修课之一，主要学习函数与方程、微积分、概率与统计、立体几何、数与代数等内容。该课程有四个水平，难度从高到低依次是：超高水平(Further Higher Level)、高水平、标准水平和初级数学水平(Standard Studies Level)。课程根据所选水平的不同要求学生掌握不同程度的数学知识。

选择初级水平和标准水平的学生需要学习数学的核心内容，包括方程、指数、对数、数列与级数、二项式的展开、单位圆和弧度、解三角形、三角函数、三角方程和性质、向量、向量应用、微积分、统计、线性建模、概率、离散型随机变量和正态分布等内容。选择标准水平的学生还需要写一篇数学研究小论文(即数学 IA)。小论文要求学生从生活入手，使用自己学习过的数学知识对生活中的现象进行解释。关于数学 IA 的具体介绍参见问题 52。

选择超高水平和高水平的学生同样要学习以上数学的核心内容，并在此基础上学习复数、泊松分布等。此外，选择高水平的学生需要在统计学(Statistics)和微积分学(Calculus)两个选修主题中选择一个进行深度学习；而选择超高水平的学生则需要将这两个主题都学完，此外，还需学习离散数学、组和集合论、线性代数和几何这四个主题。

50. IBDP 数学是如何考核的?

数学属于基础学科，考核分为内部评估和外部评估两部分。内部评估是指数学研究小论文(IA)。而外部评估则是最终的 IB 大考中更为综合的试卷 1、试卷 2 和试卷 3(仅限选择高水平的学生)的考核。

51. IBDP 数学的选层建议有哪些?

理论上，初级水平和标准水平对所有的学生都是合适的。不过，假如你真的对数学很感兴趣，而且在决定学科水平之前，预备 IBDP 阶段的数学成绩能一直稳定在 6 分、甚至 7 分(满分 7 分)，那么建议你考虑选择高水平。对于超高水平而言，仅建议数学能力极强(之前考试成绩从未或极少低于 7 分，又在课外数学竞赛中屡获佳绩)且非常热爱数学的学生选择。因为超高水平的课程进度非常快、题量非常大，对学生的要求也相当严格。还需要注意的是，2019 年 IBDP 数学将修改大纲，选层将更为复杂。

52. 如何写数学研究小论文？它的评分标准是什么？

数学 IA 要求学生运用不同的数学知识，比如微积分或几何，以专业的数学方法去研究，比如建模。学生要自己定题目，自己研究，自己撰写论文。数学 IA 的评价者很看重学生对数学语言的掌握程度，以及学生分析数据、制作图表、灵活使用课堂所学知识的能力。在写数学 IA 的过程中，最难的是选择合适的题目，一旦题目定下来后，后面的步骤都不难。现在科技十分发达，许多工具可以帮助学生完成他们想要的实验或模型，但题目如果没有选准，那是很麻烦的，可能要不停地换题目。

53. 平时该怎么学习 IBDP 数学？

熟能生巧。将书后的练习按照老师的要求做完，再和书后答案进行核对。若有错题，就多操练几遍。另外，上课认真听讲也非常重要。数学的高水平及以上是有难度的，要勤记笔记，多问老师，多思考。

IBDP 的必修课——英语 B

54. 什么是 IBDP 英语 B?

英语 B(English B)属于 IBDP 六大基础课程学科组中的第二学科组：语言学习。这门学科要求学生熟练掌握并多方位(听、说、读、写)运用英语这门语言。英语 B 高水平对阅读和写作的要求比标准水平要明显上一个台阶。尤其是在写作方面，英语 B 高水平的考官非常希望能看到考生思维的广度和深度，以及严密的行文逻辑。

55. 英语 B 是如何考核的?

英语 B 的考核分成内部评估和外部评估两个部分。其中，内部评估的形式为口试；外部评估则是最终的 IB 大考及写作任务。选择标准水平的学生和高水平的学生都会被考核两张试卷——试卷 1 与试卷 2。选择标准水平的学生只需要在试卷 1 中阅读四篇文章并完成相关练习，在试卷 2 中选择一道命题作文并根据固定套路进行写作；而选择高水平的学生则需要在试卷 1 中多读一篇文章，并在试卷 2 中多写一篇说服性文章(Persuasive Essay)，即学生根据某个给定的说法表明自己的立场，并在 250 字以内让读者信服自己的立场。选择高水平和标准水平的学生的试卷 1、试卷 2 的考核时间均为 1.5 个小时。

56. 英语 B 试卷 1 的难点和题型是什么？

英语 B 试卷 1 是四或五篇阅读理解，文章并不难，题目却往往很狡猾。题型也设置了很多种，分别是：判断题、选择题、简答题、词汇题、填空题、判断合适的句子题。

57. 如何应对英语 B 试卷 1 中的判断题？

判断题是出题人给出一个说法，要求学生根据文章的内容判断该说法的正误。这道题不难找到正确答案的出处，关键在于学生摘抄上去的内容不得多一个字，也不得少一个字，需要正好和标准答案一模一样才可以得到分数。针对这样的题，建议多练，始终告诉自己体现了关键信息就好，不要啰嗦，也不要讲得不全面。练习的材料就是学校里使用的 IBDP 英语学科学习教科书，里面有完整的试卷 1 练习。

58. 如何应对英语 B 试卷 1 中的选择题？

选择题和平时遇到的没什么区别，都是根据文章内容选择一个最合适的选项。只是这类考题考的是绝对严谨度，你所选择的选项必须百分之百正确，一个细节都不能错。比如原文中说的是“92%的人会选择早餐吃可可奶昔”，你若选择了“90%的人会选择早餐吃可可奶昔”，那么就是错的。针对这样的题，建议时刻提醒自己准确性！

59. 如何应对英语 B 试卷 1 中的简答题？

简答题分为两种：

(1) 某词组(词语)是什么意思；

(2) 根据文章内容提出的“为什么”或“什么”“什么时候”“在哪里”“谁”的问题进行回答。

针对简答题，遵循选择题和判断题的解答原则即可，详见问题 57、58。

60. 如何应对英语 B 试卷 1 中的词汇题和填空题？

词汇题只能靠平时读书积累，尤其是原版书的阅读。填空题并不难，主要考的是你能否捕捉到文中的对应信息并将其填入空格中。所以，平时要多做题，训练自己准确定位信息的能力。

61. 如何应对英语 B 试卷 1 中的判断合适的句子题？

这种题目是最难的题型之一。它不仅仅考核考生对全文的把握，还考验考生对细节的精确记忆。除了多练，还请牢记：你是去“征服”这些题目，而不是一眼看穿答案随便写下来。换言之，不经过思考是不可能做出这样的题目的。

62. 英语 B 试卷 2 的详细内容是什么？

英语 B 试卷 2 是一份写作试卷，在不同水平中的考核内容不同。选择标准水平的学生只需要在 90 分钟内完成一篇文章即可，而选择高水平的学生则需要完成两篇文章，分别为试卷 2A 和试卷 2B。

63. 英语 B 试卷 2A 考什么？

这是选择标准水平和高水平的考生都要被考核的内容。试卷里会给学生拟定 5～6 个作文题，让学生任选其一构思并撰写一篇 250～400 字的文章。文章有固定的文体，大致上包括博客、日记、正式信函、评论、申请、演讲和说明书。考题中会直接告知考生使用哪种文体。

64. 如何在英语 B 试卷 2A 中得到高分？

考生需要在考试前熟记每一种文体的固定结构，这样能保证总分 25 分里的结构分 5 分到手。在选择要作答的题目时，建议根据自己对特定文体的熟悉程度、对于这个题目本身的感兴趣程度，以及可达到的深度进行选择。在作答之前，请务必打好草稿，列出大致思路，这样才能避免没有逻辑地写作。

在作答过程中，请务必注意想法(idea)的连贯程度和逻辑性。不要什么想法都呈现在纸上。相反，应选定 2～3 个点，将这些点尽可能地讲深入。因为思考的深度是 IBDP 英文写作考核的一大重点。

65. 英语 B 试卷 2B 考什么？

只有选择高水平的学生才需要作答此卷，满分为 20 分。文章的长度是 150～250 字。出题人会给出一种说法，考生需要表明自己赞同或者不赞同这种说法，并用 1～2 个论点证明自己的观点，以理服人。阅卷者会根据学生是否能涵盖有效信息、流利地表达自己的观点这两个方面进行评价。

66. 如何在英语 B 试卷 2B 中获得高分？

想写好这篇文章，考生必须注意选择例子的合适程度。不能选择一个站不住脚或者和主题基本不相关的例子，而要选择一个比较中肯切题的例子。哪怕这个例子看起来不那么重要，只要它契合你的基本论点，那就可以了。

67. 英语 B 口试的详细内容是什么？

英语 B 口试分为互动口语(Interactive Oral)和独立口

语(Individual Oral)两种。互动口语满分为 20 分，考生需要和 4～5 个伙伴组成一组，根据一个给定的题目进行 10～15 分钟的讨论。讨论需要录像并提交给相关评分教师，分数将会计入英语 B 的内部评估。

独立口语满分也为 20 分，考生会和考官面对面进行考试。首先是考生描述给定的一幅图片。该图片的主题与考生平时英语学习中碰到过的知识点密切相关。考生有 15 分钟时间准备，5 分钟时间描述这张图片。描述过后，考官会针对考生的描述进行提问，目的在于帮助考生将一些没有深入展开的点再次展开。考生在此期间需要和考官保持顺畅的沟通，直到 5 分钟后考试结束。

68. 如何在英语 B 口试的独立口语中获得高分？

首先，在图片描述时，考生需要注意描述内容的逻辑性、相关度和深度。考生可以有自己的想象，但建议紧扣着图片详细地描述。在描述方式上，考生要注意语言的原创性与真实性，不能像机器人一样地读稿子，而要尽量脱稿，看着考官说。过程中尽可能放松，这样可以让人感觉到自信和自然。此外，考生也需要注意描述的连贯性，不要总是断句。

其次，在和考官互动时，考生需要注意以下两点：一是听清楚考官的问题，这样有利于你针对某个点深入思考，给出好的答案；二是注意不要把自己逼到死胡同里。例如，当你想了 30 多秒但仍然给不出好答案的时候，可以把这个问题扔回给考官，请教他的想法。这样做，考官非但不会给你扣分，反而会促进你们之间的对话，启发你的思考。

69. 如何在英语 B 口试的互动口语中获得高分？

（1）轻松心态。将互动口语想象成你和小伙伴在日常生活中进行的一段对话，只不过语言切换成了英语而已。对话是相对放松的，如果找到了这样的状态，那么考试的时候自然有许多话脱口而出。

（2）不要在别人讲得兴高采烈的时候强行夺取话语权。如果你非常想要说话，但是伙伴的发言还没有结束，请你仍然克制自己，不要故意打断伙伴。因为，这样的做法非常不礼貌，也会让看录像的考官觉得不自然。当然，如果遇到了冷场，抛出的问题没人回答，这时候你可以挺身而出，调节气氛。这样的做法既能体现你的团队合作意识，也能为你加分。

（3）针对那些害羞而不自信的同学，建议在对话中勇敢地站出来。假如你不擅长发表言论，那么你可以做发起问题的人，把问题抛给同伴们去讨论，偶尔插进来讲两句，这样也是很好的。当然，更好的做法依然是能保证自己至少可以讲 3 分钟。平时你需要对着伙伴练习口语，逼迫自己思考，强迫自己说，胆子大了，考试时也就不会慌了。

70. 英语 B 写作任务的详细内容是什么？

英语 B 写作任务是指学生根据所选择的课程水平完成

2～4 份写作任务。标准水平的学生一般是阅读杂志中的一篇文章，并对其发表观点；高水平的学生则是要阅读英文原版短篇或中篇小说，然后选择小说中某个你认为没有充分展开的情节，通过发挥想象力进行展开。

每一份写作任务包含两个部分。第一部分是写作逻辑(Rationale)，要求学生对自己为何选择该主题进行论述，并且要解释怎样在任务主体中阐明该主题。如果是涉及小说情节补充，一要概述小说和所选情节的大致内容，给考官一个基本认知；二要选择一个视角(即你会从哪个角色的角度来补充小说情节)并且说明理由。写作逻辑部分字数需控制在 250 字以内，超出的部分将不予评阅。第二部分是任务主体(Task)，学生将依据写作逻辑中的写作思路，对自己选择的主题进行阐述。阐述时需要使用任意一种上课学过的英语 B 写作文体(参见问题 63 所提到的博客、日记等写作文体)。任务主体的字数上限为 650 字，超出的部分将不予评阅。

71. 如何在英语 B 写作任务中获得高分?

写第一部分写作逻辑的时候请务必注意：你是否非常清楚地告诉了考官你将如何阐明自己的主题？有时我们会以为一些话不言自明可以省略描述，但是这样的想法是一定要杜绝的。你还是需要花力气把道理说得一清二楚，这样才能获得高分。

写第二部分任务主体时请务必注意：你是否把握好了

每一步的节奏，有没有在一个节点上停留太久？如果能把握好每一个部分该花的笔墨，那么你的文章就可以重点突出，既不会像报流水账一样，也不会主次不分。

此外，还要注意不能将写作任务主体部分写成情节概述(Summary)。虽然有时候需要一点点情节回顾，但是重点依然要放在你自己的反思上。所谓反思，就是指站在你所选角色的角度对你的主题进行思考、剖析，并且把你思考的过程呈现在纸上。思考需要有层次，这样文章读起来才有深度，且行文也更自然。

72. 平时该如何学习英语？

应该注意思维深度的培养。具体来说，学生应该勤于读书，同时多思考。课堂上老师带学生们领略的多个主题中，如果有你感兴趣的主题，那么课后就一定要去寻找相关资料对它做一个深入研究。如果你能有这些探索和积累，那么在面对笔试的写作部分或者独立口语的提问与回答部分就会较少面临材料匮乏的窘境。

73. 英语 B 的选层建议有哪些？

英语是必修课，所以只涉及选层问题。建议那些对英语言文学感兴趣且英语综合能力尚可的同学选择高水平。如果说英语能力一般而且将来也不考虑往文科方向发展，那么建议选择标准水平。

V.

IBDP 的选修课——个人与社会

74. 什么是个人与社会?

个人与社会是 IBDP 课程体系中的第三学科组。不同于必修的母语学科、外语学科和数学学科,学生可以在"个人与社会"这个学科组里选择历史、地理、商业与管理、经济、哲学、心理、信息科技与全球化社会、社会与文化人类学、世界宗教等课程中的任意一门学习。在学习过程中,学生将建立个人和社会的微妙联系,思考作为个体在社会中所处的位置,拥有的潜力和存在的局限。通过建立这样的思维方式,学生将学会在宏观和微观这两个视角之间自由切换,进行更有效的思考,这对走向成功大有裨益。

75. 什么是 IBDP 历史?

IBDP 历史是"个人与社会"这个学科组中的一门学科。学习该门学科的学生将会领略各个国家(俄罗斯、日本、中国、德国、法国等)的发展历史,锻炼自己查找资料、组织信息和思辨能力。

76. IBDP 历史如何考核？

IBDP 历史分成内部评估和外部评估两个部分。其中内部评估即小论文（IA），外部评估则是最终的 IB 大考。选择标准水平的学生和高水平的学生都要考试卷 1 与试卷 2。选择高水平的学生还会额外再考一张试卷 3。选择标准水平的学生的考核时间为 2.5 小时（其中试卷 1 考核 1 小时，试卷 2 考核 1.5 小时），而选择高水平的学生的考核时间则是 5 小时（试卷 1 考核 1 小时，试卷 2 考核 1.5 小时，试卷 3 考核 2.5 小时）。

77. IBDP 历史试卷 1 如何考核？

IBDP 历史试卷 1 主要是材料分析题，题目围绕四则材料展开。题型有：根据材料回答问题；提取图片材料信息；从来源、目的、内容推导出价值和局限性，进而评估史料；比较和对比（Compare and Contrast），也就是举出两则史料间的三个相似点和不同点，比较是比较相似点，对比是比较不同点。此外，学生还要完成一篇回答问题的小作文，要用考试中给出的材料和自备的知识进行写作。选择标准水平的学生，试卷 1 占最后总分的 30%；选择高水平的学生，试卷 1 占最后总分的 20%。

78. IBDP 历史试卷 2 如何考核？

IBDP 历史试卷 2 是写一篇论文。通常给出的题目是

"评估……""在何种程度上……""某个事件的结果是……"。由此可见，IBDP 历史更重视对史实的阐释而非记忆。和中文 A 一样，写历史论文需要有开头、结尾和三个论点。论点以主旨、例子、解释例子的顺序依次展开，其中需要包含反论（与主旨不同的意见）以及对反论的反驳或支持，也需要引用史家观点。论文字数不限。选择标准水平的学生，试卷 2 占最后总分的 45%；选择高水平的学生，试卷 2 占最后总分的 25%。

79. IBDP 历史试卷 3 考核什么？

IBDP 历史试卷 3 是试卷 2 的翻版，只是考察的专题史不同。试卷 3 有 36 道题，学生任选其中三题进行回答。注意，当你选择的问题涉及非常具体的某个国家或地区时，你必须严格按照 IBDP 历史大纲上所提及的关于那个国家或地区的相关内容进行作答，不得自由发挥。试卷 3 占最后 IBDP 历史学科总分的 35%。

80. IBDP 历史有什么选层建议吗？

建议对历史感兴趣或者将来想要在大学主修历史的同学选择历史标准水平。那些思辨能力强的、历史分数常常拿得到 7 分的同学可以挑战高水平。

81. 什么是 IBDP 经济?

IBDP 经济是“个人与社会”这个学科组中的一门学科。这门学科会涉及微观经济、宏观经济、国际经济和发展经济这四个部分。通过经济学科的学习，学生会对生活中一些基本的经济概念有一个初步了解，并学会如何用经济理论解释和评价一些与经济相关的事物，例如，财政政策的可行性等。

82. IBDP 经济如何考核?

和其他多门学科一样，IBDP 经济也分成内部评估和外部评估。内部评估包括学生写作的三篇小论文(IA)，详见问题 83，外部评估则是最终的 IB 大考。选择标准水平的学生会被考核试卷 1 和试卷 2，其中试卷 1 是两道涉及经济理论的论述题，分别是 10 分和 15 分，试卷 2 则是通过阅读两篇取材于现实的经济文章来完成相关阅读理解题。选择高水平的学生除了会被考核试卷 1 和试卷 2(题型与选择标准水平的学生相同，可能难度略有增加)这两张卷子之外，还会被考核试卷 3(Paper 3，计算题)。

83. 什么是 IBDP 经济 IA?

IBDP 经济 IA 是指一篇学生通过分析网上搜索到的一篇和课堂所学经济理论相关的文章中某个经济理论而写成

的 750 字小论文。该论文考核的是学生对于所学知识灵活运用的能力，以及对生活中存在的经济知识的洞察力。一篇经济论文的满分为 14 分，其中学生对知识点的运用占 2 分，分析占 3 分，评估占 4 分（如果学生选中的文章里含有一些政策的话，学生需要对这个政策进行评估——需要从该政策好的方面和不好的方面入手），方法占 2 分，解释时所绘制的图占 3 分。可见，学生应该多注重评估，而这一块也的确是最难的部分。一般来说，学生所选择要评论的经济文章其发表时间不应该比写作时间早一年以上。例如，学生的经济论文写作于 2018 年 1 月 15 日，那么学生所评论的那篇文章的发表时间不应该早于 2017 年 1 月 15 日。

在整个 IBDP 学习生涯中，选择经济这门学科的学生必须完成三篇经济论文，而这三篇论文应该各自对应不同的版块。每个学校可能会有不同，以上海市世界外国语中学为例，第一篇论文对应微观经济（Microeconomics），第二篇论文对应宏观经济（Macroeconomics），第三篇论文可以对应发展经济（Development Economics）或者国际经济（International Economics）。IBO 组织会根据这 3 篇论文的完成情况给出总体评价。该评价满分 3 分，包括字数是否达到要求，三篇论文是否针对不同版块，引用的相关文献是否合适等。

84. IBDP 经济 IA 没有写作思路怎么办？

首先确定自己为什么写不出来。是话题（Topic）找不到，找的不好呢？还是自己缺乏一些基本的论述能力？如果是前者，那么请寻求经济老师的帮助，或者寻求一些对经济网站比较熟络的同学的帮助；如果是后者，那么就要学习一些基本的论述方法，并反思自己平时经济学习中这方面的不足。

85. IBDP 经济平时各类的卷面考试是怎样考核的？有哪些题型？

就个人经历而言，高一的经济考试通常是通过一张试卷来检验水平。而试卷里的题目分为：选择题、简答题和计算题。最难的是简答题，它相当于做一篇小论文。学生需要去解释一个经济概念，并对它进行相关分析和评估。有时候学生如果仅仅解释和评估这些概念又是不够的，需要联系相关事实来进行更好的说明。所以，拿到这些分数，实属不易。

高二的经济考试就没有选择题了，而是模仿 IB 大考，先是 10 分和 15 分的论述题，然后是 25 分的阅读理解题，最后是 25 分的计算题。分数依然很难拿。需要提醒的是，一定要注重平时的积累，尤其是概念，不能只是死记硬背，要从多个角度考量自己是否真的理解，否则考试的时候看到题目也不知道如何运用概念了。

86. 做 IBDP 经济试卷 1 有哪些注意事项？

先给大家举两道例题，有个初步概念——

(1) Explain the sources of government revenues and the categories of government spending. [10 marks] 解释政府收入的来源和政府支出的种类。(10 分题)

(2) Explain the following statement: "The shape of the aggregate supply curve may be an important factor influencing the effects of demand-side policies." [15 marks]解释以下说法:"总供给曲线的形状也许是一个影响需求侧政策的重要因素。"(15 分题)

针对第一道题目,学生应该能识别出,这道题只是让学生对学过的概念进行解释。学生做的大部分解答的确是这样。但是要注意,如果是解释的话,就不能仅仅说它是什么,还要很详细地解释每个点。

以下是错误示范:

Government revenues involve tax revenue, revenue gained through the sale of SOE, and the revenue gained through the sale of goods and services including public transportation and electricity. Government spending involves the spending by government on public services and on purchasing factors of production.

这些句子只是单纯地表达了政府支出和收入包括什么。应该要再进一步,比如税收可以进一步说明它包括了公司税和个人收入税,公共服务可以列举其包括了教育和公共交通等。总之,要尽可能详细。

针对第二道题目,学生应该灵敏地反应出:① 要联系凯恩斯模型和新经典模型来解释;② 要画图;③ (惯例)要解释题目中的关键信息——需求侧政策。意识到这些还不够。这道题还要考核学生如何自然地将文字和图片结合起来,并完整地写一篇分析文章。总的来说,学生需要注意先写一个总起段落,段落中要解释一下题目中的关键信息,接下来概述这篇文章会讲什么。最后进入正式分析,画好图,做好解释。最后,千万不要忘了总结!哪怕把开头再抄一遍也可以。总之,形式上先取胜,接下来就是看分析是否详细到位。

87. 如何提高自己 IBDP 经济试卷 1 的解题能力?

平时多练习。经济书电子版最后有很多的 10 分题和 15 分题。可以每隔两天写一套题,然后请老师帮忙评阅或者自己对照书本进行打分。

88. IBDP 经济试卷 2 是什么?

基本上,IBDP 经济试卷 2 是两篇文章的阅读理解。它的题型分为:定义题(Definition),2 题,各 2 分;解释题(Explanation),结合文章,2 题,平均各 4 分;评估题(Evaluation),有机结合文章和个人所学经济知识,1 题,8 分。这份试卷考核的是学生对经济理论的理解是否透彻,以及能否从所给文章中迅速定位经济理论在现实中的运用情况,并将这些证据有机融合到自己的叙述中。

89. 如何做好 IBDP 经济试卷 2?

要注意多练习评估题。这是 IBDP 经济试卷 2 中占分最多的一个题型。试卷 2 满分 40 分,包含两篇阅读理解,每篇 20 分。其中每篇阅读理解中均有一道占 8 分的评估题。同时,这也是 IBDP 经济试卷 2 中最难的一个部分,因为它考核的不仅是写作能力,更是考验学生是否能敏锐察觉到实际生活中经济理论的影子,并将其用自己的方式向考官展现出来。

虽然看起来评估题的确很难,但再难的事也是有一定方法去攻破它的。首先,评估题归根结底是写一篇英语论文,因此它首先要遵循英语论文的格式:开头表明主论点,主体各自阐述一条分论点,最后总结、升华。学生如果能熟记这些固定的格式,那么就已经成功拿到了格式分。

在掌握了论文的固定格式以后,所要做的事情是谋篇布局。在这一步,需要先想好自己要讲什么,而后列出简单的提纲。往往有些学生因为害怕时间来不及,所以在做这一步时匆匆忙忙,草草了事。但其实这一步是最关键的一步,因为它是帮你整理思路的。假如思路都不清楚,又怎么能保证之后的写作具有说服力呢?试卷 2 的考试时间为 1.5 小时。建议学生无论如何至少花 5 分钟在谋篇布局这一步上,确定好提纲,再下笔写作。

写作时,请不要想着为了让文章显得更专业而费尽心思选择词语。考试时一般没有那么多时间,所以要尽可能做到直接表达,完全可以使用简单的英文词句,这不会让你的文章变得低级。相反，这会给阅读试卷的老师减少负担，让他们有耐心去仔细理解你文章的观点，从而增加你得高分的概率。写完之后，如果有时间剩余，一定要记得通读一遍，通读时重点关注自己表达有误的地方，并加以修改。

以上的方法个人认为适用于所有 IBDP 学科。不过对于经济学科来说，评估文章里还必须配以相关的经济图表来清晰阐释某些概念。学生需要思考的是怎样把图表有机融合到文字中去，让图表恰到好处地解释文字内容。在这一方面，学生平时必须多加练习，可以参考经济书上介绍某新理论时使用的格式，每写一段文字便配几张图。很多同学听到要画图就感到无力，但其实画图本身并不难。这些经济图表是学生平时上课常常会看到的，而且往往结构简单，寥寥数笔就可画完。

以上是试卷 2 中的评估题的解题方法。至于试卷 2 中的定义题，则需要靠背，背的越精准越好；而解释题，则需要注意一定要使用文章里的相关信息去解释你提出来的每个点，这样才可以让考官觉得你说的话有可信度，因为有证据支持它。

90. 平时读一些经济文章管用吗？

管用。但是这种方法是需要长期实践才能见效的。

91. 如何拓展自己在经济学科上的认知？

建议在经济学科上学有余力的同学多关注时政新闻；

多参加经济学科相关的比赛，例如十项全能比赛（USAD）、商业模拟联赛（CYBL）等，详见附录 2；并且读一些经济学科的经典之作，例如《资本论》《社会契约论》等。

IBDP 的选修课——科学

92. 每所 IBDP 课程学校开设的科学课程都一样吗？

不一定。在 IBDP 课程分配中，第四组，即科学课程组，包括物理、化学、生物、计算机科学、设计技术和体育、运动与健康科学。具体到各个学校，则根据学生选课情况及师资分配等不同原因自行决定开设哪几门科学课程。比如上海市世界外国语中学目前只开设了物理、化学、生物这三门科学课程。

93. 如果我不太喜欢科学，如何选择一门学科？

首先，去了解学校的课程介绍，以及学长对科学课程的评价。IB 的科学课程大纲包罗万象，而且学生们有更多机会去自己动手实验。若是实在没有兴趣，中考的理化成绩也是可以参考的，毕竟选择自己有把握拿高分的科目进行学习是比较稳妥的。

94. 选择课程应该根据功利目的，还是自我兴趣？

俗话说得好，兴趣是最好的老师。而且 IBDP 的学业压力相对繁重，若是不擅长、不喜欢的课程，很容易懈怠或在时间安排上出现漏洞。选择课程应该结合兴趣和能力，并且在充分了解学校课程及师资安排的情况下进行。

95. IBDP 科学学科如何进行课程评估？

IBDP 科学学科阶段性评估以月考的方式进行，月考主要是笔试，也有口试、实验报告、研究论文等多种方式，根据各学科的特点灵活选用。而 IBDP 科学学科的最终评分分为两个部分，分别是：(1) IBDP 大考，占总分的 80%；(2) 内部评估，形式为实验报告(IA)，占总分的 20%。其中，实验报告是由学生完全自主完成的——从最初的实验设计，到实验操作，再到最后的论文写作，老师都只会给出建议，具体操作全权交给学生。一般来说，在 IBDP 科学课程的学习过程中，会在学校完成 2～3 份这样的实验报告，并选择校内打分最高的一份递交给 IBO 作为自己的最终成绩。而考试内容则是基于 IBDP 课程大纲中学的内容。两个成绩按照以上比例进行综合，然后按照标准折合成总分 7 分制的成绩反映到最终的 IBDP 成绩上。

96. 有哪些科学竞赛活动?

在进行 IBDP 科学学科的学习中,吸引人的一点就是会有更多的机会可以去做实验,不再是单纯地听老师讲理论,有更多机会可以去自己动手,甚至去设计自己想做的实验。校外科学竞赛活动有很多,例如,美国物理碗、英国物理奥林匹克竞赛、英国皇家化学学会新星挑战赛、英国生物奥林匹克竞赛。

97. 在科学方面获得奖项等成就有什么帮助?

以上海市世界外国语中学为例,在校内外科学竞赛中获得嘉奖的学生将有机会获得学校给予的奖学金。而对于科学学科学术成绩及学术态度良好的学生,则有机会获得项目创新奖。这些奖项会录入学生的升学档案,让将来申请大学理工科专业的学生更具竞争力。

98. 选择两门科学学科(双理)的学生是否在 IB 考试及大学申请中占优势?

选择双理组合的学生可选择的方向相对比较广,尤其是对于那些想要学习生化工程或者医学的学生们。以同时选择物理和化学为例,同时学习这两门学科的一大好处就是物理和化学之间有不少内容是可以相互关联的,比如,不确定性的计算,原子结构,物态转化等,在一门课中学过的知识，在另一门的学习中就明显轻松多了。但学习双理在获取更多知识的同时，也会面临更大的压力，例如，当有两篇实验报告同时要截止时，会遇到时间安排上的不小挑战。所以，选择双理并不是一条明显占优的路，量力而行，选择适合自己的课程才是最明智的。

99. IBDP开设有哪些科学课？

IBDP开设有六门科学课，包括物理、生物、化学、计算机科学、设计技术和体育、运动与健康科学。每门学科的课程宗旨是让学生成为用理性和专业眼光看世界的独立个体。每个学校开设的具体学科会有所不同。

100. 什么是IBDP物理？

IBDP物理是IBDP六门基础课程中科学这个学科组中的一门学科。选择标准水平的学生需要学习测量与误差，机械，热能，振动和波，电与磁，圆周运动与引力，原子、原子核与粒子物理，能量的产生这几个大主题。除此之外，还有四个选修主题(Option)，分别为相对论、工程物理、绘图和天体物理。学生需要从四个选修主题中任选其一进行学习。选择高水平的学生除了要学习前面提到的几大主题以及一个选修主题外，还要学习波现象、场、电磁感应以及量子和原子核物理这几个主题。

101. IBDP 物理怎么考核?

IBDP 物理的考核也是分成内部评估和外部评估两个部分。其中内部评估是指写作小论文(IA);外部评估则是最终的 IB 大考。选择标准水平的学生和高水平的学生都要考两张试卷——试卷 1 与试卷 2。其中试卷 1 的考试时间为 45 分钟,内容为 30 道选择题;试卷 2 的考试时间为 2 小时,题目类型为解答题。

102. 什么是 IBDP 生物?

IBDP 生物是 IBDP 六门基础课程中科学这个学科组中的一门学科。选择标准水平的学生需要学习六个核心主题和四个选修主题。六个核心主题分别是:细胞生物学、分子生物学、基因遗传学、生态学、进化和生物多样性以及人体生理学。四个选修主题分别是:神经生物学、生物技术/生物工程、生态学和更细致、更复杂的人体生理学。学生可以在高二下学期从四个选修主题中任选其一进行学习。而选择高水平的同学则是除了以上提及的六大主题以及四个选修主题中的一个以外,还要学习核糖核酸、新陈代谢机制、植物学、生物遗传学和动物生理学这五个主题。可以说,选择高水平的学生比选择标准水平的学生多学了一倍的内容。

103. IBDP 生物怎样考核?

IBDP 生物和其他学科一样,分成内部评估和外部评估两个部分。其中内部评估是指写作小论文(IA);外部评估则是最终的 IB 大考。选择标准水平的学生和高水平的学生都要考核试卷 1、试卷 2 和试卷 3。选择标准水平的学生考核时间为 3 小时,而选择高水平的学生考试时间则长达 4 小时 30 分钟(中间有半小时休息时间)。

104. IBDP 生物的试卷 1、试卷 2 各自包含什么内容?

IBDP 的生物试卷 1 包括 30 道选择题。考核的是基本概念,不过绝不仅仅是概念本身,还包括概念的运用。学生往往是在概念运用上犯难,因为题目出得非常灵活,让人很难一下子找到应该运用哪个概念。

IBDP 的生物试卷 2 包括了两种题:实验分析和概念叙述。实验分析会给考生 2~3 个设计好的实验,让学生自行根据题目条件分析实验数据,包括比较数据异同、分析数据趋势等。题目中也穿插了 IBDP 生物所教授的基本概念,学生需要凭借这些基本概念准确地识别出考点并迅速解题。而概念叙述要求考生叙述课堂上曾经学过的某一个生理过程,或者比较多种生物之间的异同。虽然题目的样子千变万化,但是本质上考核的概念基本是相通的。在答题的时候,学生要先判断作答重点,然后尽可能详细地写清楚每一个点，最后检查语句是否通顺。

105. 什么是生物 IA？

生物 IA 是学生依据自行设计并操作的个人实验而撰写出的一篇实验报告。这篇实验报告大致分为以下部分：(1) 背景信息介绍，包括实验灵感来源和实验的主要原理；(2) 实验方法；(3) 实验材料；(4) 数据采集与分析；(5) 反思评价；(6) 参考文献。生物 IA 的满分为 21 分。老师会从原创性、创新性、研究问题的标准性、基本信息的合适程度和科学性、数据收集的完整性、数据处理的全面性和条理性、评估所涉及点的全面性与深度，以及总体的结构等方面对实验报告进行评估。

106. 生物 IA 的难点在哪儿？解决方案是什么？

个人认为生物 IA 的最大难点在于最后的反思评价。因为反思评价是针对实验方法的反思评价，但往往学生不知道实验方法哪里存在问题。因此，建议学生通过阅读文献提高对问题的敏感性，找出自己实验中的系统误差（实验方法上存在的疏漏）和随机误差（实验中的不可控因素），并配以具体可行的解决方案。

107. 生物 IA 写作过程中需要注意哪些点？

结合生物 IA 的写作结构，分步介绍如下：

(1) 寻找想法(Idea)

寻找想法其实并不是很难。实在没有头绪,可以把整本生物书通读一遍,从可行性角度考虑(例如,自己是否掌握做某实验的相关知识?实验仪器是否会非常复杂等),确定自己实验的基本方向。当有了基本的想法之后,一定要找老师沟通!在沟通过程中,你能够收获老师的一些宝贵建议。这些建议有助于你逐步形成一个好的实验课题。

(2) 确认想法后的方法设计

这一步相当关键。笔者当时就因为没有做好方法设计,以至于之后的背景信息查询受到了很大影响。做方法设计时,需要的不是自己大开脑洞,而是应该查询大量资料,找寻到一个可以参考的方法,并且试试看能不能借鉴到自己的实验设计中来。找资料会是一个漫长的过程,不要为了图快而盲目地笃信一个方法,导致后续实验不可行或失败。

(3) 方法设计好后的背景信息查询

如果方法设计得当,这一步并不难做。背景资料无外乎是主要材料和主要器具的相关信息,而这些都在方法设计的过程中确定好了。我们所要做的就是查阅各种文献,包括各种百科类、学术类搜索引擎和各类生物学专业网站。当然也要注意,不是网上看到的每一条信息都是有价值的。需要自己仔细阅读信息后,筛选出和本实验相关的信息,再引入到文本中来。否则这份实验报告会显得很不靠谱。

(4) 背景信息查询过后的实验材料准备

需要先和实验室负责老师沟通,询问好实验室里是否能提供自己想要的相关器材和药品。如果实验室里没有现成材料，则需要通过相关正规渠道进行购买或者寻找可替代品。

（5）实验材料准备充分后的正式实验

正式实验时，要对照着自己设计的方法一步步来做，不慌不忙。有不确定或没把握的地方，比如器材不会用或者要用到有危险性的药品等，一定要提前寻求老师的帮助。实验过程中要特别注意人身安全，同时要勤于拍照，记录下定性数据。

（6）正式实验后的数据处理、结论得出和反思评价

数据处理很大程度上考验的是学生的思维逻辑性和Excel等数据处理工具的使用能力。学生需要掌握基本的数据输入和统计分析技能。例如，计算出数据的平均值和标准方差，并生成图表来直观地展现这些数据，以及数据结合在一起呈现出的趋势。

结论得出则是学生参照自己实验之前提出的假设（Hypothesis）与实验所得实际数据相验证所得出的相关结论。结论可以是假设和实验验证完全吻合，也可以是假设和实验验证完全相反，或者假设和实验验证部分吻合。

反思评价这一部分比较难。不过学生可以从寻找实验的系统误差和随机误差这两个角度出发去思考与写作。

寻找系统误差时，可以参照自己设计的实验步骤以及自己使用的实验器材，反思自己在整个实验设计中是否有欠考虑的地方。例如，仪器的精度是否足够、温度条件是否最佳等。寻找随机误差时，可以思考在实验过程中所出现

的某些不可控的情况是如何影响实验结果的。例如，某些化学反应无法控制其放热的多少，导致最后测量结果偏大或偏小。当然，反思不意味着为了凑字数而罗列所谓误差。你需要根据自己的主题进行针对性的反思，否则所有的反思便只是泛泛而谈，没有深度。

表述以上内容时，学生需要尽可能使用简洁、精确、科学的语言，注意不要使用第一人称作为主语，以体现论文写作的专业程度。

(7) 参考文献的使用

一定要注意标注引用的文献或网页。如果引用的内容来自某篇文献，那么需要写出论文的标题、作者、发表时间等；如果引用自一本科学期刊，那么需要写明期刊的刊号、出版日期以及具体页码；如果引用内容来自某网页，那么只要复制网页的网址链接并粘贴到脚注编号后面即可。如果想要说得更清楚些，还可以注明文章标题与作者。

108. IBDP 生物该怎么学习？

学习生物最重要的是搞清楚概念，基本方法是多看书，多提问。看书也不是处处仔细看。而是要清晰地明白自己到底要搞清楚什么，然后有针对性地去看。这样才能保证效率。如果觉得自己整个章节都没搞懂，那么务必去理清楚这一章节的知识框架，圈出重点。推荐使用思维导图，它可以帮你明白概念之间存在的关系，如递进关系、并列关系或者包含关系等。让所学知识成为有联系的体系，不至于零散而毫无逻辑。

其他的经验还有：(1) 注意那些有着很长逻辑过程的生理反应。这些学习内容反应往往会出现在生物试卷 2 的最后一题或倒数第二题中。学生需要将这整个过程理解通透，考试的时候就能游刃有余。(2) 注意一些相似概念之间的比较，他们可能会在考试中以表格题的形式出现。

109. 如何在 IBDP 生物考试中获得高分？

想在生物的考试中获得高分，绝不是仅仅依靠概念和背诵就能达成的。在考试中需要特别重视实验题。在做实验题中的分析题(Analysis)时一定要结合数据分析；评估某种实验假设时需要从正反两个方面讲；比较数据时不需要讲的过于详细等。实验题在平时作业中会经常出现，所以平时作业一定要认真对待。

110. IBDP 生物学科的选课建议有哪些？

如果你对于生命科学比较有兴趣，或者将来很明确要选择生物相关专业，可以选择生物，并且建议选择高水平。假如你觉得自己并不适合向理科发展，且不擅长记忆那么多的生词，建议选择标准水平。

IBDP 的选修课——艺术类

111. 什么是 IBDP 视觉艺术?

IBDP 视觉艺术(Visual Arts,简称 VA)是 IBDP 六大基础课程中艺术类学科组里的一门课程。该门课分标准水平和高水平。选择该门课的学生需要在一个大主题下完成不同媒介的小主题作品。学生不仅可以通过画纸,还可以通过微电影等其他方式完成作品。在这一过程中不仅能锻炼自己的绘画能力、艺术赏析能力,还能深入思考一些人生哲理,让作品更加富于内涵。

112. IBDP 视觉艺术学科如何考核?

以上海市世界外国语中学为例,每学期 IBDP 视觉艺术的学期总评分按照第一次月考成绩占 10%,第二次月考(期中考)成绩占 20%,第三次月考成绩占 30%,第四次月考(期末考)成绩占 40%的比例加权计算得出,具体权重及评分项每个学校可能会略有不同。IBDP 视觉艺术的每一次考试是没有书面考试和现场作画要求的,而是要求学生提交个人作品。IBDP 没有专门的视觉艺术学科大考,即没有标准化的试卷1、试卷2、试卷3，而是要学生提交比较研究(Comparative Study)、创作过程集(Process Portfolio)以及作品展示(Exhibition)。

113. IBDP视觉艺术的作业包含什么？

视觉艺术作业分三大块，即比较研究、创作过程集以及作品展示。基本形式和要求与考核的形式和要求是一致的。

114. 什么是比较研究？

比较研究占总分的20%，主要形式是选择至少两位艺术家及其具体作品进行调研，其中一幅作品最好亲身见过实物。调研的侧重点在于艺术作品的表现形式、思想、运用的美术技巧手法、所产生的影响和文化背景，还有艺术家本人的整体风格。最后要将几幅作品进行对比。选择高水平的学生需要另附上一幅个人作品，这幅作品是自己在调研中受启发而画下的图画，或者具有类似表现形式的个人作品。

115. 什么是创作过程集？

创作过程集是指作品创作过程的记录，占总分的40%，是一个大头。创作过程集包括的内容有对作品的介绍、前期准备(包括材料与构思方面)、技法练习、草稿手稿、制作过程以及对成品的反思。大部分同学用 SWOT 分析法①完成反思,帮助认识自己作品的优缺点,有助于不断改善。

116. 什么是作品展示?

作品展示就是学生个人作品的展示会,占视觉艺术总评分数的 40%。以上海市世界外国语中学为例,平时打分包括作品展示分数和观察绘图分数两块,分数各占一半。但是在 IB 考核时全部是看个人作品的,选择标准水平的学生大约提交 8 幅左右的作品,而选择高水平的学生则要提交 12 幅左右的作品,作品数量是依据 IBDP 视觉艺术的考纲而定的。

117. 什么是观察绘图?

观察绘图主要是画一些实物,表现手法不限。老师对学生的要求是一周画二三幅作品,然后在最后一个月挑选最满意的四幅作品提交。在期末考试中,老师会给一个主题(或形式),让学生根据该主题(或形式)进行创作。高一

① SWOT 分析法是将与研究对象密切相关的各种主要内部优势、劣势和外部的机会、威胁等,通过调查列举出来,并依照矩阵形式排列,然后用系统分析的思想,把各种因素相互匹配起来加以分析,从中得出一系列相应的结论,而结论通常带有一定的参考价值。

时以给定主题为主，但到高二则更侧重形式的练习。在正式考核中的个人作品完全是自己构思并制作的，没有任何限定，老师以引导为主，不会过多干涉。

118. 学习视觉艺术这门课有哪些体会？

首先，视觉艺术和艺考完全不同，只要你热爱艺术，没有较强的美术基础也能学习。视觉艺术由于需要学生不断绘画、不断创新和不断调研，因此完成一幅作品需要花费很长时间，最短也要一周。如果学生觉得视觉艺术占用太多时间，以至于其他功课会受到严重影响，那么建议慎重选择这门课。不过，如果学生将来要申请艺术史、建筑设计等相关专业，则强烈建议选择视觉艺术。美国的罗得岛设计学院（Rhod Island School of Design）、巴纳德学院（Barnard College）、奥伯林学院（Oberlin College）和布朗大学（Brown University）都很看重学生的艺术素养，建议有志愿申请这四所大学的，尤其是想申请罗得岛设计学院的 IBDP 学子们，一定要选择视觉艺术！当然，如果将来并不想要选择艺术类专业，而只是单纯对艺术感兴趣，并且想要利用 IBDP 的视觉艺术课程进行尝试，这也是可以的。兴趣是最好的老师。IBDP 学到后面，你会发现自己感兴趣的学科分数都不会太低，倒是那些当初随大流或者为了功利目的而选择的课程，分数并不如想象中好。实际上，IBDP 的视觉艺术课程并没有想象中的那么可怕。笔者的一位同学在没有任何绘画基础的情况下也选择了视觉艺术。虽然有时候会感到力不从心，比如想到的多于能表达的，又比如和有绘画基础的同学相比她的素描功力尚欠火候。但如果有一个好的构思想法，提交的作品不会有很差的效果，分数总体上维持在 6 分的水平，偶尔还能得到 7 分。她认为，如果认真学习视觉艺术，能够比较容易取得 6 分。她建议有创意并对艺术热爱的同学可以选择视觉艺术，至于技巧，画多了自然就熟练了。

其次，视觉艺术很重视平时积累。学生要对艺术有崇敬之心，保质、保量完成各项任务。重视每一次作业，除了会获得技巧上的提升之外，我们还能学会深层思考，例如，怎么样的形式能表达出怎么样的意境。这样的思考对于最后的作品是很有益处的。为了养成主动思考的习惯，建议同学尽量不要偷懒，比如简单地拍一张照片作为作品上交，因为这样就少了光线变化和自己构图的过程，不利于培养创造力。此外，强烈建议各位同学不要临摹他人的画！IBDP 视觉艺术的评判标准之一就是学生是否能展现个性。所以无论如何，请创作出自己内心想要的作品，不要害怕引来批评。

第三是做创作过程集。最后提交的电子稿最好能做成手稿形式，尽量避免做成演讲稿，手稿形式能很直观展现思维过程和打草稿的过程。另外需要提醒的是，最后 IB 考核时交的创作过程集是不需要另外美化或附加无关图片的，很多同学喜欢这样做，但考官注重的是过程，而不是具有迷惑性的装饰。申请艺术类大学时，除了要交这份创作过程集之外，自己还要另外准备其他材料。如果不清楚其他材料包括什么，以及应该如何准备它们，建议可以去听听申请艺术类院校的专业中介机构的意见。一般来说，专业机构会帮你拟定艺术作品的主题，并在作品结构设计上提出建议。这些建议能促发学生思考，也有助于学生提高艺术绘画的技法。

最后一点：学 IBDP 视觉艺术很累！创作艺术作品的过程需要大量的思考体悟，会占用大量时间。尤其是和各种考试撞在一起时，真的是焦头烂额。除了课内压力外，这几年大多学视觉艺术的学生会经常碰到班级活动、亲朋好友请你帮忙画画、设计包装之类的情况，带来的压力也是不小。这时要注意分清轻重缓急，根据自己的时间做决定，必要时学会拒绝。另外，请慎重选择视觉艺术的拓展论文，因为这份论文对于绘画和分析的要求非常高，不花半年时间估计是写不出任何有价值内容的。

119. IBDP 音乐学习什么内容?

大体上，学生会结合相关历史和社会背景去学习各个国家与地区的音乐文化，包括该国家或地区的音乐形式、风格和功能。学生学习创作音乐、反思比较各音乐文化的异同，并在最后提交一篇论文，通过研究比较不同文化背景下的音乐，发现其中的异同，并在异中求同。其实，这主要还是鉴于论文中每个人对于音乐背景和音乐实际运用的理解，即使是千篇一律的旋律也会因为不同的乐器而产生不同的演奏效果。IBDP 音乐是异中求同，同中存异的融合艺术。

120. 学习 IBDP 音乐是一种怎样的体验?

套用一句时髦的话说，这种体验就是“痛，并快乐着”。虽然过程很跌宕，但是经历了这些跌宕和挫折，或者说正是因为这些跌宕和挫折才会更加地喜欢音乐。当然，这是属于笔者个人对于音乐的理解和喜欢。当我们戴上耳机、按下播放键时，或许就已喜欢上了音乐；可能在指甲触碰琴键，弓弦错身婉转时，音乐的灵感在心中发芽；又或许在沉静午后，翻开一本音乐史，便已进入了音乐的世界。对于音乐的喜爱是在微不足道的点点滴滴中萌芽，而这些不值一提的小事或许便是未来对于艺术的追寻与渴望。

121. IBDP 音乐的培养目标是什么? 有哪些课程设置?

IBDP 音乐旨在增长学生的音乐理论知识，激发学生在音乐方面的潜能。音乐课程教授音乐术语，乐曲比较分析，音乐与时间、地点和文化的关系以及音乐的创作与表现技巧。

122. 如何学习 IBDP 音乐学科?

反复练习。日常练习会枯燥，但学习 IBDP 音乐学科必须具备兴趣与持之以恒的认真、坚持和热忱。报以一种面对每一个音符都有永不枯萎的热度，枯燥中发现乐趣，在学习中探求你心里的最真实、最富有情感、最自我本真的音乐。演奏时，大脑是“指挥官”，眼睛是“侦察兵”，耳朵是“监督员”，嘴巴是“通信者”，双手是“实战军”。

123. IBDP 音乐学科如何考核？

IBDP 音乐的考核分为两大块，两者各占总分的 50%。

（1）演奏考试。选择高水平的学生只能进行独奏表演，选择标准水平的学生可以选择独奏表演或小组表演。

（2）卷面笔试。分为试卷 1 和试卷 2。试卷 1，根据已学交响乐总谱，在考试时根据相应题目做分析应答（类同语文试卷 2 的考核，详见问题 43）。试卷 2，对考试当场所下发的音乐片段进行分析，选段长度一般在 2～5 分钟不等。分析分为四大块：音乐元素（Music Elements）、音乐结构（Music Structure）、音乐术语（Music Terminology）、音乐背景（Music Context）。

124. 选择 IBDP 音乐对人格的培养有哪些帮助？

通过平时的刻苦训练，让你具备专业的态度，甚至专业的水平。同时体会到人生的丰满，在以后的为人处事中保持平和、积极进取的状态。

125. IBDP 音乐是专业的，还是业余的？

不容置疑，IBDP 音乐是专业的。进入 IBDP 音乐前，你可以抱着业余者的兴趣和热情，但请务必记住，当你决心进入这一领域，必须有一个专业的态度。当你下定决心以专业态度对待音乐后，便会发现自己有焕然一新的变化。不论是在演奏技巧或是理论知识上，IBDP 音乐都苛求一种专业态度。演奏技巧上，不一定能出神入化，浑然天成，但苛求完美绝对是永远追求的目标。哪怕你在同一小节，甚至是同一个装饰音上花费几小时的钻研，请永远有着隐忍枯燥的耐心和决心。成百上千遍的努力终将是你之后在琴凳前或是弓弦上的片刻精彩，而这片刻的精彩虽然短暂，却会是每每回想都为之欣然微笑的体悟。这就是 IBDP 音乐，双手创造的艺术，笔尖书写的思考。

126. IBDP 音乐对于积累的要求有多高？

IBDP 音乐对积累的要求很高。当你可以在听完一段旋律后，准确地说出其中技法、演奏乐器，并脱口而出这是哪个作曲家、什么时期所创作的作品的第几乐章时，恭喜你，你肯定已经是一个优秀的 IBDP 音乐生了！

127. 选择 IBDP 音乐的学生在高中毕业后去向如何？

有一些人会选择非艺术类大学读书，但是音乐依然是他们生命中的一大爱好。不过，也有一些同学由于非常热爱音乐，而且自己也很确定要走音乐这条艺术之路，所以他们会申请音乐学院，例如美国著名的伯克利音乐学院(Berklee College of Music)等。

Ⅷ. IBDP 的选修课——第二外语

128. 什么是 IBDP 第二外语?

第二外语属于 IBDP 基础课程中的语言学习学科组，这门课程会教授除了学生母语及英语之外的其他语言。IBDP 开设的第二外语中所含学科非常多，包括德语、法语、日语、西班牙语等，每个学校开设的学科会有所不同。

129. IBDP 第二外语如何考核?

和其他基础课程一样，第二外语的考核也是分成内部评估和外部评估。内部评估是口试。外部评估则是最终的 IB 大考，包括试卷 1 和试卷 2。

130. IBDP 德语的口试如何考核?

德语口试的满分为 30 分，占最后德语学科总评的 25%。

学生在考试中会被给到一幅图片，并被要求对该图片进行描述。描述结束后，学生还要与考官针对某个德语课程中涉及的主题进行互动。一般是考官提问，学生回答的形式。为拿到一个好分数，学生应该尽可能主动多说，不要老师问一句你回答一句就结束。比如，老师问你“你喜欢吃什么东西?”你不应仅仅回答“我喜欢吃燕麦粥。”就结束，而应该进一步解释一下你为什么喜欢吃燕麦粥。主动多说才能充分展现出自己对语言的驾驭能力。当然，前提是要保证说对，如果语法错误很多，那么说的话越多则分数越低。

131. IBDP 德语的试卷 1、试卷 2 如何考核?

IBDP 德语大考包括试卷 1 和试卷 2。试卷 1 是写作。学生被要求从 3 个题目中任选 2 题，撰写 2 篇字数在 70～150 字之间的短文。试卷 2 包括阅读和听力。学生需阅读 3 篇文章，并聆听三段音频完成相关练习。以上海市世界外国语中学为例，在内部评价的卷面考试中，初期考核内容与 IB 大考有所区别。试卷 1 考试时间为 1 小时，试卷 2 考试时间为 1 小时 45 分钟。

每一次德语卷面考试的总分都不同，但最终会折合成百分制。卷面考试的难点一般来说在阅读部分，因为阅读的文章本身生词多、句型复杂，同时题目也比较难做，特别是判断题。如果想要在这一方面取得好成绩，平时培养阅读习惯非常重要。每次阅读不能只浏览一遍文章就结束，而是要仔细记录每一个生词，积累一些好的句型等。至于语法和作文这两部分，语法方面将平时上课的内容都掌握就好；而作文则是通过记忆一些文体的基本格式，例如，可能会考核的博客、书信、广告等格式，同时平时积累多样句型，在这两方面下功夫就可以拿到高分。

132. IBDP 德语的写作任务是什么？

写作任务要求学生完成一篇文化比较论文。学生需要从一个小的点切入，比较中德两国文化在这个点上的区别。该论文字数限制在 200 字至 350 字之间，包括三个部分。第一部分为写作逻辑，考生在这个部分中需要介绍所选主题在德国的情况。第二部分为比较，考生在这个部分中要比较 2～3 个中德两国在所选主题方面的异同点。第三部分则是反思，在这个部分中，考生需要写下自己在调查过程中感到惊讶的地方；为什么德国和中国会在某方面观念相同或不同；以及如果德国人来到中国，他可能会有什么样的感受等。

133. IBDP 德语平时表现怎么评价？

平时表现囊括的内容有很多，包括平时作业成绩、课堂积极程度、课堂小测验的成绩等。例如，上海市世界外国语中学的平时表现包括了平时作业、课堂积极程度和课堂里每一次默写的成绩。虽然平时成绩在最终评价里的占比不多，平均占10%，但也不容浑水摸鱼。学生需要认真完成每一次作业，认真准备每一次默写，并在课堂上多发言。

134. 如何学习IBDP德语？

语言类学习是需要以浓厚的兴趣作为基础的。因为浓厚的兴趣能让人更愿意接受语言类学习中所遇到的每个挑战，坚持下去。其次就是要注重积累，例如，好好背单词、多阅读等。关于德语学习，可以为大家推荐一个名为Pasch的网站。这个网站是专门为学习德语的青少年设计的，上面有许多德语杂志、新闻和电子游戏。学生可以做到“学中玩，玩中学”。

就像学习其他学科一样，选择第二外语的同学在刚刚接触这门语言的时候感觉比较简单。但是，随着学习内容的增多，难度会慢慢提升，也会遇到更多的句型、更多的规则、更难的语法等。面对这些困难，首先不要害怕，告诉自己，你不是一个人在战斗。要多去请教身边德语成绩好的同学，多问老师，并坚持去搞懂所有的疑问。建议大家在明白了一个语法点之后，用这个语法进行简单造句，不求很难，但求有趣，这样可以给自己留下更深刻的印象，下次遇到该语法点题目再做错的概率就可以减小很多，并且这样做能帮自己积累单词量，对写作也很有帮助。

此外，有不少同学对于口语方面的提高始终存在困惑。在这里可以告诉大家，提高口语的唯一方法就是说，说，说！关于“说”可以把它分成两种：一种是自己说，一种是对着别人说。前者主要是体现个人的创意程度，后者则是考验一个人作公共演讲的胆量和自信。一般学习德语的学生都弱在后一项上。而提高的方法，则是要抓住任何一个可以在众人面前讲话的机会。平时的课堂发言是最好的机会，尤其是在该发言要求你用大段文字阐述一个话题的时候。讲的时候不要怕错，老师会来纠正你的错误。但是也不要犯过于低级的错误，例如老师反复强调过的动词变位。另外一个提高方法（虽然比较难实现）则是多找机会和德国人进行面对面交流。

对于日后想在德语方面有所研究的学生，建议深入了解德国文化。这部分内容在平时生活中难以接触。需要学生自己通过网络（访问德国的文化网站、结交德国笔友等）或者实地探访（参加德国交流活动、德语夏令营等）来实现。建议学生充分利用假期时间完成相关工作。

135. IBDP 法语培养学生什么能力？

IBDP 法语和其他外语相同，重点是培养学生的法语阅读能力、写作能力和口语表达能力。

136. 如何学习法语？

平时上课，老师会随课件补充海量法语词汇及搭配，同学也可以积极举手发言，询问老师法语词汇。同时准备好笔记本，记录下生词和新语法，课后温故而知新。课余时间可以阅读一些简单的法语课外书，欣赏一些法语音乐和歌剧，甚至从法语动画片里也能体会到法国文化的魅力。

137. 都说法语学习很简单，真的如此吗？

任何学习都是由浅入深，法语也不例外。随着年级的增加，法语的难度会急剧上升。考核内容包括口试和笔试，其中笔试包括选择题、主观题、短文写作等题型。法语语法知识点数量多，课堂笔记和练习册是重要的学习材料。考前理解笔记中的知识点，翻阅练习册中的错题和重点是重要的复习方法。通常，课前老师会发给学生法语音频，跟随音频文件的语音语调进行练习是提高口语的关键。

Ⅸ. IBDP 的核心课程

138. IBDP 的核心课程包含哪些？

IBDP 核心课程包括了拓展论文、知识论和创新、服务与行动。

139. 创新、服务与行动是什么？

创新、服务与行动旨在培养学生社会服务意识、创新能力和领导力。它鼓励学生参与学校文体活动、社会活动和志愿服务。学生可以参加各类社团，也可以自己组织项目。学生需要在平时积极记录自己的 CAS 活动时间，附加简单的活动记录(一般 80 字)。在每个学期末需要完成 CAS 活动的反思。一般来说数量是一个社团一篇。但如果你依附于这个社团做了一个个人项目，或者说你成了这个社团的社长，那么一学期 CAS 反思就要写三篇。在 CAS 时间积累到 150 小时后，学生需要完成一篇 CAS 总体反思，字数为 1 000 字，需要从 CAS 要求学生掌握的技能入手，反思自己做到了哪些，哪些地方还有欠缺。

选择社团主要按照学生的个人喜好、特长以及未来专业或职业规划。一般最适合的社团个数为 2～3 个。

140. 开设自己的新社团是否会更有竞争力？

IBDP 学习中，活动虽然是必不可少的，但最重要的还是成绩。首先，开设新社团不是件容易的事，需要经过社团计划书撰写、社团答辩、招新等多方考核。而且，新社团的立意不得和任意旧社团重合，要有益于学生发展，而不是单纯的交流讨论组。其次，想要在 CAS 中得到成就，同样可以通过个人项目和在已有社团精益求精的发展中获得进步。因此，虽然开设新社团可以提升学生的各方面能力，但增加竞争力与投入的时间和精力需仔细权衡，只能视个人情况而定。

141. 加入学生会是否会增加竞争力？

学生会是一个作为校方和学生之间沟通桥梁的组织，事务十分繁重，且常有突发事件需处理。加入学生会不失为一个增加竞争力的方式，但是首先要保证自己的校内成绩基础。只甘居于普通会员混日子是不可取的，还应该有上进的动力，以此提升自己。

142. 如何平衡 IBDP 学业、活动与生活？

学习 IBDP 课程对学生的统筹能力、规划能力以及时间安排有很高的要求。学生必须有自制力以及良好的时间管理能力，才能够在不影响学业的基础上，充分锻炼自己的能力。因此，学生必须在平时的学习中严格督促自己，按时完成所有任务，绝不拖延。若能养成这样的学习习惯，你就知道如何把握轻重缓急，进而可在 IBDP 学业、活动与生活之间取得一个良好的平衡。

143. 拓展论文是什么？

拓展论文是 IBDP 核心课程之一，要求学生选择一门课，按照课程的要求写一篇论文，字数约为 3 000～4 000

字，主题由学生自己确定。它的完成时间在三个月左右，包括一个暑假。在写作过程中，学生需要和自己的指导老师积极沟通。除暑假外，基本上每两周向老师当面汇报自己的进度。此外，学生在写作过程中需要完成 3 篇拓展论文反思，反思自己在每个阶段的写作工作中做得如何。

拓展论文要做大量的调查研究，可以通过网络查找资料，也可以从一些纸质书中获取资料，但每个资料都一定要做好参考文献引用(Reference)。拓展论文满分 1.5 分，最高档为 A 档，依次往下为 B、C、D、E、F 档。如果学生得分为 F 档，那么就视作不及格，将面临无法取得 IBDP 文凭的后果。

144. 由哪一门基础学科入手写作拓展论文?

拓展论文选择什么学科主要根据两项评判标准，一项就是对该学科的感兴趣程度，还有一项就是该学科本身的难易程度，这两项是同等重要的。如果相同难易度的两个学科，自然是选择感兴趣的那个学科来写。因为写拓展论文是一个很漫长的过程，它需要做大量的研究以及读很多的资料，所以如果选了一个毫无兴趣的题目，写到一半会很容易放弃。通常来说，拓展论文写文科会比理科容易些，中文和英文是相对容易写的两门，因为可以研究的方面有很多，而理科写起来会觉得可写的方向较少。当然，这也是因人而异，如果你将来想要申请关于数学的专业，那写数学的论文会比较有利。另一方面，从成绩考虑，第一年不能拿到 6 或 7 分的科目要慎选，拓展论文涉及的内容深度远远超过普通 IA，半途换题甚至换学科是大忌。

145. 拓展论文的评分标准是什么？

拓展论文的最后总评是按照 A、B、C、D、E、F 来评分的。拓展论文特别强调组织结构，论文需要有清晰的介绍、研究课题或核心、正文以及结尾。除结构外，论文还设置语言分。除了中文组拓展论文使用中文外，其他所有学科的拓展论文都要用英文撰写，所以拓展论文对英文写作能力要求很高，包括语法和用词。

146. （举例）英语 B 拓展论文应该如何写？

英语 B 拓展论文可以从规定的语言、文化与社会以及文学三个大方向中任意选择一个方向入手，思考自己想要写作的主题。

语言方向鼓励学生对于英语语言本身进行一个深度探索。例如，学生可以研究英语语言的起源，或者一些特殊英语词汇的含义。

文化与社会方向又分为两小类。第一类是社会文化对于语言的影响。顾名思义，学生需要从一些社会文化入手，探究它对英语产生了怎样的影响。例如，学生可以研究 “Should gender specific titles be eliminated from the English language to reflect the shifting attitudes toward gender roles?（具有性别特殊性的头衔应不应该为了反映对待性别角色态度的变化而从英语语言中被抹除?)”第二类是基于特定文化产物的社会观。这个概念依然叫人看了云里雾里。那么看一下学生的研究例子：How do changing attitudes towards graffiti in New York City from the 1930s until now reflect changing societal values?（从1930年代至今，对于纽约街头涂鸦的态度变化如何反映了变化的社会观?）这个例子里的文化产物就是纽约街头涂鸦，而社会观则是人们对社会的看法。

文学方向是指英语文学。从该方向入手写作的同学，需要从英语小说中，选择一个小角度对小说进行探索。例如，有学生写过“What is Edith Wharton's attitude towards women's empowerment as reflected in her novels?”（伊迪丝·华顿对女人强权化的看法是如何在她的小说中反映出来的?）

一般来说，大多数人会选择前两个大方向入手写作。但不管是选择什么方向，写作都要遵循以下原则：

（1）文章90%以上内容为原创。绝不能抄袭，绝不能侵权。

（2）字数控制在3 000～4 000字。

（3）按时提交一稿、二稿、三稿，不拖延。

（4）充分利用学校里指导老师的资源。

147. 知识论是什么?

知识论是一门必修课，旨在培养学生如何认知这个世界，如何认知我们自己本身。我们从很早就开始了学习的过程，但很少去思考学习的本质到底是什么，而这就是知识论启发我们去寻找最为重要却往往被忽略的问题。知识论一共分成八个知识领域，分别是数学、自然科学、人文科学、伦理学、艺术、历史、宗教和本土知识系统，我们认知世界的方式将在这八个知识领域中得到具体的应用，以及创建不同的联系。

148. 什么是知识论论文？

知识论的论文是最后评判学生整个课程得分的重要依据，满分为 1.5 分，最高档为 A 档，依次往下为 B、C、D、E、F 档。如果学生成绩被评为 F，那么就被视作不及格，将面临无法取得 IBDP 文凭的后果。

一般来说，知识论论文是在 11 年级学年末布置给学生，让学生利用暑假时间去搜集资料，并根据不同的题目做研究。关于论文撰写可以参考问题 143，知识论论文希望学生对于自己题目的讨论不只停留在表面，而是通过严密的探讨后挖掘出更多的内涵；要多角度展开讨论，但不要偏离核心；并且要在上文说到的知识领域和认知方法中建立联系。

149. 知识论是如何评分的？

知识论不是按照 1～7 分这样评分，而是按照 A、B、C、D、E、F 分档。除了最后的论文外，知识论还考核口头表达，要求学生从现实生活中寻找一个实例，由此入手引出核心的知识问题，并继续运用到更广的现实情境中。口头表达一般由2～3位学生组成一个小组来完成，每人有十分钟左右的陈述时间，要求学生对论点的陈述有清晰的逻辑和流畅的陈述。知识论最终的分数便是由口头表达、期末论文及平时成绩组成的。

X. 社团活动

150. 参加活动类社团的意义有哪些？

首先，有别于学术类社团，活动类社团的重心在活动，而不是在学术方面，因此，交友就成为很重要的一点。通过社团活动交到好朋友，可以让你的整个IBDP生活都很愉悦。学长可以传授给你很多关于IB的小贴士，这对适应IBDP生活是很重要的。并且，在同一个活动社团中，更容易找到志同道合的朋友。其次，相比于学术类社团，活动类社团的氛围会相对轻松。在上完一天课之后，在活动社团里和同学聊天、做活动真的是特别享受。另外，参加活动社团，当然可以算CAS。CAS是IBDP文凭不可少的一部分，如果每周都可以参加社团活动，CAS所需积累的时间是不用担心的。如果在社团活动中表现突出，被选拔为社长，更是一个增长领导力的好机会。

151. 活动的组织者有哪些优势?

社团的生存和组织者有密切关系。因此，社团活动组织者的压力会比较大，花在社团活动上的精力也比较多，例如，每周社团活动的准备、招新以及和学校之间的交流沟通等。但是社团组织者获得的成长经验也比较多，在申请大学的时候也会有优势。所组织的社团活动也可以作为自己的CAS项目。

152. 如果社团不被学校认可，但这个社团对你很重要，该怎么做?

如果无法成为被学校认可的社团组织，可以走学生组织的道路。社团和学生组织在本质上并无区别，只是有无学校认可。学生组织会更加有弹性。但是，在招新时，对于刚进学校的新生而言，得到学校认可的社团会更加吸引他们。所以，如果社团不能被学校所认可，想要转型成为学生组织，要慎重考虑利弊。

153. 可能有哪些有意思的活动社团?

活动社团有别于学术社团，有丰富的多样性。比如烹饪社团、沪风研究社、话剧社、汉服社、动漫社、流浪小动物照顾社等，基本上想到的都会有，没有的你也可以自己去创建。

154．参加学术类活动社团需要注意什么？

建议选择参加这类社团时不要太功利。例如，不要认为参加了商业社或者模联社就可以参加商赛、模联赛并且获奖。因为，这样的想法反而会让你对参加社团产生厌烦感。并且，这两个社团一定会是学校的热门社团，竞争也比较大。但不得不承认，参加热门学术类社团一般的确会对个人在学术方面有所拓展。

155．参加社团对参加校外比赛有哪些帮助？

某些社团确实会对校外比赛有帮助，特别是和学术竞赛挂钩的社团。在这样的社团里会有老师对学生进行学术比赛的专业指导。

156．选择社团要注意什么？

（1）不要因为人多或是热门就去选择这个社团。

（2）一定要根据个人兴趣，不要太功利。

（3）是否可以结识一些优秀的学长，也可以作为考量之一。

（4）如果已经发现社团并不适合自己，最好及时更换或退出。

157. 参加的社团越多越好吗?

新生刚入学时，可以多参加几个社团，这有利于你更好地了解自己的兴趣。但后期需要根据兴趣进行调整，慢慢剔除不利于兴趣发展的社团，把精力集中在有利于自己兴趣发展的一两个社团。

158. 活动社团和学术社团的区别是什么?

对于这一点，每个学校可能有所不同的。相对而言，由于大部分学术社团配有专业的指导老师，指导老师会组织成员定期培训，且会组织学生参加专业比赛，如中国高中生美式辩论联赛等，故而专业水准更高一点。而活动社团一般不具备以上特质。

159. 自己组织社团需要注意什么?

首先，要和你的同伴讨论社团的目标、形式、主题，并确定社长、副社长及组织成员等。其次，最好找一个合适的老师做指导老师，这样方便写 CAS 活动经历。最后，最重要的一点是招新，并且要通过特色活动保证社团成员不流失。

160. 社团招新时需要注意什么?

不管是什么形式的社团,首先要让他人感兴趣。在宣传的时候可以通过海报、网络等各种渠道发布社团的宣传语和标识。这样可以让更多的人了解社团。其次,要尽力招收那些特别有想法、有影响力的人入社。在招新时,要及时建立联系方式,让每一个潜在社员都可以联系到社长。

161. 经营社团需要注意什么?

对于人数多的社团,比如模联社、商业经济社,最大的优势就是不用担心社员流失。但人多的社团更要注重社团的声誉,这对社长的能力和责任心的要求很高。

对于人数少的社团,注意的事项就更多。首先,社团人少主要是因为对社团主题感兴趣的人少,因此想办法吸引社员是最重要的一点。但是人少的社团也不要刻意去扩大,维持合适的规模更有利于开展活动。例如,笔者个人创建的学生组织是关于权利意识的,社团人数不多,但成员都是志同道合、有共同兴趣的人,人少而精更能保证活动质量。

162. 如果社团经费不足该怎么做?

如果学校有经费对社团进行资助,则可以向学校申请。

如果学校没有资助，则只能自行筹款。可以发动社员筹集经费，也可以通过活动筹款，例如，面向同学销售社团自己定制的特色T恤等。还有种很讨巧的方式就是通过网络众筹，但是一定要保证账目公开。注意：过于频繁的众筹可能会引起大家的不满。

163. 学生组织和社团有什么区别？

学生组织和社团在大学申请和累计CAS活动时间这两方面基本没有区别。最主要的区别在于能否得到校方支持。学生组织一般无法出席学校的官方社团活动，如社团展示等。

164. 申请大学时，参加社团对你有哪些帮助？

首先，如果担任过社团社长，在申请大学时，领导力方面无疑会有加分，这是最重要的一点。其次，对于某些兴趣爱好的钻研可以通过社团体现出来，是很好的素材和佐证。再有就是能够作为CAS活动的累计时间。

165. 宣传社团有什么好的方法？

最基本的方法有：通过邮件统一发送社团宣传资料、活动进展等；通过社交媒体平台发布社团活动、动态、简介；

还可以制作视频、设计海报等在特定场合宣传社团。

166. 新生一般会比较倾向于哪些社团？

一般来说，新生会倾向于知名度比较高的社团。但请注意：知名度高的社团并不一定适合每个人，参加人多的社团只能保证你和大多数人选择的是一条相同的路。

167. 如果你想和别人合伙办社团要注意哪些问题？

最重要的是合伙人一定要靠谱！同时，合伙人和你对社团主题有相同的认识，志同道合，在能力上各有优势。比如，一人学术方面较强，另一人活动组织能力较强。

千万不要找只说不做的，这样你会很累！

168. 当社团的社长换届时，你该怎么做？

首先，要确定自己是否有意向竞选社长。其次，确认自己时间允许的情况下，尽可能去争取。毕竟担任社长是锻炼领导力的好机会。

活动与自我

169. 每个人都需要做活动规划吗?

在校平时成绩、标准化考试成绩和个人活动及特色可以说是申请路上的三驾马车,缺一不可。所以每个人都需要建立自我特色和差异化的活动规划。凡事预则立,所以建议尽早对活动进行整体思考和规划,但规划不是一成不变的,也要随着你的高中生涯不断调整。

170. 活动规划的原则和出发点是什么?

成为真正的自己。只有你真正有热情和感兴趣的事,你才能坚持做下去,而且在做的过程中你才能创意不断、才能有所触动。最终,你收获的是过程、是经历的故事。这些故事会对展现自己独具价值。

171. 高中生活动和比赛主要有哪些类型?

活动和比赛很多,这里只给出部分供参考。有学术性强、需要搜索大量资料的各类辩论赛,如中国高中生美式辩论联赛、全美演讲与辩论联赛；还有研究类型的比赛，如中国大智汇、中国青少年商业联盟、美国学术十项全能。这些比赛的具体介绍见附录 2。

172. 活动越多越好吗？

不是越多越好，而是活动深度越深越好，与自己想要申请就读的方向关联度越高越好。如果你将来想要申请的是公共政策与社会服务专业，那么你就得适当放弃一些和这个专业申请不相关的活动，如商业模拟运营社。同时，你需要在某一个服务类活动上进行深入钻研。比如研究养老院中老年人的利益等。大学非常看重一个申请者对于某一个话题的研究是否深入，以及研究者是否有热情。假如你没有一定的时间投入到特定活动中去，那么你的申请材料便不具有说服力。

173. 别的同学活动都很“高端”，我怎么办？

有高端活动自然最好。但如果实在没有，那就记住一句话：小处见匠心。可以从一个很小的兴趣爱好点进行切入，并据此进行深度发掘。这样你做的事情不一定很“高端”，但也会呈现出独特的价值。

174. 为什么说活动是自我发现之旅？

在活动过程中，真性情是藏不住的。你究竟喜欢安静，还是奔放？你更适合在团体中，还是一个人独行？你可能会发现自己很善变，有时候会意外体会到自己某种深藏的特质。当你做选择的时候，其实是你的价值观在起作用。你会找到志同道合的人，也会发现不能接受的行为方式。这是你和世界对话，也是和自己对话。高中时代的各种活动往往会给你留下不可磨灭的记忆。

175. 活动太多忙不过来，和学业有冲突时，怎么取舍？

学业不可荒废，建议你重新梳理、反思活动安排，做出一些调整，确保学业优先和最重要的活动项目。

176. 我天生没有领导力，只愿意做追随者。大学会喜欢这样的我吗？

大学喜欢的特质有很多。追随者中也有很多人是非常智慧并独具价值的。一个团队里的追随者也能有很多故事，关键是你要有自己的经历和故事。

177. 有各种各样的规划师和顾问，要请他们来安排我的活动吗？

可以听意见，也可以尝试做做看。不过，过程中还是需要自己把握方向。你需要认清自己是谁，自己想成为什么样的人，以及自己还缺少什么，确定自己的追求并去实现它。

178. 如果我对活动的方向及进程和家长、顾问的想法有冲突，这时候我应该怎么办？

沟通是最佳解决方案。如果有冲突，应该学会倾听，充分理解家长和顾问的意见，同时充分表达自己的看法，不要没经过理性思考就放弃自己的选择。沟通过程本身就是一个认清自己、说服他人、获取理解和支持的过程，这种能力很重要。

179. 怎样辨别竞赛的含金量？

一些传统竞赛，例如中国高中生美式辩论联赛、全美演讲与辩论联赛、中国青少年商业联盟等，覆盖面广、认可度高，含金量很高。而那些赛事影响范围小、举办时间短的含金量相对较低。

Ⅻ. 志愿服务

180. 如何定义志愿服务？

志愿服务是指在不求回报的情况下，自愿为社会公益活动、赛事、会议等提供服务工作。志愿者通过参加各种活动项目，为社会做出贡献，同时提升自己的能力。

181. 志愿服务在申请大学时是加分项，还是必选项？

加分项。

182. 为什么需要做志愿服务？

做志愿服务是一种帮助别人的途径，发挥自己的长处和爱心，帮助需要帮助的人。在用自己的爱心给别人带去便利的同时，了解社会现状并且学会换位思考。同时，做志愿服务也会有利自身的成长，比如心理的成长，综合素质的提高等。

在学业上，我们可以通过志愿服务类活动扩展自己感兴趣的知识，并且增长经验。例如，有一位学姐，她的未来发展方向与艺术相关，她会定期参加一些志愿服务类活动，如画展志愿者，音乐会志愿者等，在这些与艺术有关的志愿者活动中，她收获了很多，特别是拓宽了自己对于艺术类鉴赏的视野。在向大学提交申请时，将这些活动经历写入文书，能够使大学招生官们觉得她对于自己的规划很明确，这些活动经历便成为她在学业方面的加分项。另外，在生活上，我们也可以通过志愿服务类活动结交在各类精英们，向他们学习各种经验，同时扩展交友圈。

183. 什么样的活动算志愿服务活动?

志愿服务活动分为校内活动与校外活动。校内志愿服务活动是指学校或者学生组织的活动的志愿者服务。比如,担任一些大型校内音乐会的志愿者、山区支教活动志愿者等。而校外志愿服务就比较宽泛了,比如地铁志愿者、社区活动志愿者等。请根据自己的实际情况客观而理智地选择适合自己的志愿服务类型。一般建议大家将注意力放在身边,比如到比较远的地方做支教等活动可能不是特别合适。

184. 哪些志愿服务活动适合高中生参加?

高中生适合参加的志愿服务活动有很多。选择志愿服务活动需关注以下几点:首先,要贴近生活;第二,志愿者活动需要做得有深度,做活动的同时进行深入思考;第三,要有一定的时间跨度;第四,要有深度,不要只求数量,每个项目都有所参与但是研究得非常片面,不够深入。

185. 一项志愿服务活动最好持续多久?

建议对社会服务有热情的学生将志愿服务活动长期坚持下去。志愿服务带给你的影响是潜移默化的。做一天、两天可能看不出来什么效果,但是做二三个月,甚至更久之后,便能收获志愿服务所带来的种种好处,越来越深刻体会什么是高尚的奉献精神，并乐在其中。到那时，志愿服务就不再是例行公事，而是一件发自内心想要做好的事情。

186. 做志愿服务活动需要注意什么？

首先学会换位思考，比如自己在志愿服务中的姿态是否合适，自己的行为对于受助者的心理影响及感受，并反思自己做这件事情的价值等。

做完活动后，非常重要的一点就是总结。总结自己在做项目和活动时的优点和不足，优点继续保持，不那么出彩的地方反思问题所在，加以改进。最好将自己的感受写成文字，这样能够加深自己对于活动的认知以及思考的深度，收获更多。

此外，需要保留志愿活动的证明材料。如果是在某社会机构中做了志愿服务，最好要求工作人员为你开具相关证明。如果无法开具，可以保留活动照片、录像等作为证明材料，提供通信资料也可以。如果是自己组织的志愿者活动，更要注意保留视频和照片等证明自己做过这件事情的相关资料。

187. IBDP 对活动的时间有具体要求吗？

IBDP 要求学生开展 CAS 活动的总时间不低于 150 小时，且创新、服务、行动三个单项不得少于 30 小时。

XIII. 应对标准化考试

188. 雅思考试是什么?

雅思考试(International English Language Testing System,简称 IELTS)由剑桥大学考试委员会外语考试部、英国文化协会等共同管理,是为准备到英语言国家学习、工作或定居的非母语人群设置的英语水平考试。雅思考试分学术类和培训类两种,学术类针对申请留学的学生,培训类针对计划在英语言国家参加工作或移民人士。考试分听、说、读、写四个部分,总分 9 分。

189. 申请什么样的学校需要雅思成绩?

英国、美国大部分学校接受雅思成绩(英国学校不接受托福成绩)。例外:牛津大学、剑桥大学免除在全英文学校上学超过两年学生的语言成绩,美国有一些学校免除 SAT 阅读和语法总分 650 分以上(满分 800 分)、ACT 阅读 30 分以上(满分 36 分),或者在全英文学校上学超过四年的学生的语言成绩。申请英国大学时不需要雅思成绩,但最终确定你被录取通知时(一般在 7 月 31 日)需要。

190. 不同专业对雅思分数的要求不同吗？

取决于不同学校。例如牛津大学、剑桥大学、伦敦政治经济学院的文科专业（包括经济、商务）要求各个单项不低于 7 分，理工科专业要求单项不低于 6.5 分。

191. British Council、IDP 的雅思有何区别？报名时需要注意什么？

两者组织的雅思考试没有区别，都可以报考。但要注意雅思考试分学术类和培训类两种，而申请留学需要的是学术类。

192. SAT 和 ACT 分别是什么？能帮助我们申请到哪些地区的大学？

SAT（Scholastic Assessment Test）是由美国大学委员会（College Board）主办的一场考试，其成绩是世界各国高中生申请美国大学入学资格及奖学金的重要参考。2016 年改革后的 SAT 满分为 1 600 分。其中阅读和语法占 800 分，数学占 800 分。另外有 24 分是作文的附加分。作文不是必考项目。SAT 的阅读考五篇文章、四种文体。四种文体分别为英文小说（节选）、美国历史、自然科学（两篇）和社会科学。

ACT（American College Test）是对学生综合能力的测

试考试，它是美国大学的入学条件之一，也是大学发放奖学金的主要依据之一。这个考试也被很多美国大学承认，但中部和西部的院校居多。ACT 考试分为四个部分：文章改错、数学、阅读和科学推理；另外，作文为选考。每个科目的满分为 36 分。最后的成绩会根据各科得分折合成 36 分制的分数。ACT 和 SAT 不同，ACT 考试更像一种学科考试，它更强调考生对课程知识的掌握，同时也考虑到了对考生独立思考和判断能力的测试。

SAT 与 ACT 成绩都可以用来申请美国、英国、澳大利亚、加拿大等国家大学，也可以申请中国香港特别行政区的大学。

193. 有哪些 SAT 和 ACT 备考书籍推荐？

官方指南和真题要多做几遍，普林斯顿（Princeton）出的书也是不错的备考材料。笔者觉得卡普兰（Kaplan）系列书偏简单。如果有时间可以做一做巴朗（Barron）的书，但不推荐考试前几天做。

194. SAT 和 ACT 考试有哪些时间和考场注意事项？

请以官方公布时间为准，一般而言，SAT 在第一年 8、10、11、12 月，次年 3，5，6 月份都有考试。ACT 则是第一年 9、10、11、12 月，及次年 1、5、6 月份考试。考试时特别要注意不要跨区做题，在规定时间只能做指定题目，否则会被取消成绩。考前最好去熟悉考场，以免临时找不到考点。

195. 哪些美国学校接受 ACT 成绩并免除 SAT 与 SAT2 成绩?

很多美国学校都接受 ACT 成绩并免除 SAT 与 SAT2 成绩，以下是部分比较著名的学校，具体需参考各学校当年的录取规则：巴德学院（Bard College）、贝茨学院（Bates College）、鲍登学院（Bowdoin College）、布林茅尔学院（Bryn Mawr College）、圣十字学院（College of the Holy Cross）、康涅狄格学院（Connecticut College）、狄金森学院（Dickinson College）、富兰克林马歇尔学院（Franklin and Marshall College）、葛底斯堡学院（Gettysburg College）、汉密尔顿学院（Hamilton College）、罕布什尔学院（Hampshire College）、劳伦斯大学（Lawrence University）、路易克拉克学院（Lewis and Clark College）、培泽学院（Pitzer College）、西沃恩南方大学（Sewanee：University of the South）、史密斯学院（Smith College）、亚利桑那大学（University of Arizona）、俄勒冈大学（University of Oregon）、得克萨斯大学（University of Texas）、维克森林大学（Wake Forest University）。

XIV. 申请英国大学时的注意事项

196. 申请英国大学时哪些专业需要入学考试?

英国所有医科、法律、数学专业均需入学考试。每所学校对入学考试的要求不同,例如,牛津大学和剑桥大学的大部分本科课程均需入学考试。具体需要上剑桥入学评估考试网站(Cambridge Assessment Admissions Testing)查看当年对你所报专业的要求。

197. 如果申请医科或者牛津大学和剑桥大学需要注意什么?

首先注意报名时间,如果申请医科或者牛津大学和剑桥大学必须在10月15日之前报名。可以在所在城市的英国文化中心进行考试,也可以将自己学校注册成为考试中心,并在自己学校考试。即使学校只有你一个人参加考试也可以将学校注册为考试中心。

198. 申请医科或牛津大学和剑桥大学有哪些备考资料推荐?

牛津大学的入学考试有 10 年左右的真题可以练习。如果是报考剑桥大学或者参加 BMAT 和 UKCAT 考试(两者为医学类专业入学考试),可以在网上购买 The Ultimate Guide 系列进行练习。

199. 牛津大学和剑桥大学会各自以哪些内容作为参考依据评判申请者?

牛津大学会依据学生的语言考试成绩(包括托福、雅思、IBDP 英语成绩等)、入学考试成绩、面试表现、学生的课外活动以及签证和移民相关信息评判申请者。而剑桥大学则是根据学生的语言考试成绩(包括托福、雅思成绩等)、高中成绩(例如 IBDP 成绩)、入学考试成绩①和面试表现来评判学生。详情见两所大学的官网。

200. 入学考试成绩对申请牛津大学和剑桥大学有何影响?

剑桥大学的入学考试成绩会作为他们录取学生与否的

---

① 剑桥大学在世界各个考点举办的一场学科考试,这和学生在高中经历的普通学科考试不同。

一部分参考。牛津大学也是。但是请注意，入学考试成绩只是诸多参考项中的一个而已，也就是你考得不好不一定被拒录，考得很好也不一定被录取。在评判学生时，牛津大学显得更严格。官网上特别强调说这所大学不仅看学术成绩，学生的课外活动（Extracurricular Activities）也是评估学生的一个重要参考项。这一点和申请美国大学很相似。

附录 1

中国开设 IBDP 课程的学校名录①

地区		学校名称		IBDP 授权时间
安徽	合肥	合肥加拿大国际学校	Canadian International School of Hefei	2018 年
北京		北京顺义国际学校	International School of Beijing	1991 年
		北京世青国际学校	Beijing World Youth Academy	1995 年
		北京市私立汇佳学校	Beijing Huijia Private School	1997 年
		北京 BISS 国际学校	Beijing BISS International School	1999 年
		北京市第五十五中学	Beijing No. 55 High School	2004 年
		北京京西国际学校	Western Academy of Beijing	2004 年
		北京耀中国际学校	Yew Chung International School of Beijing	2006 年

① 附录 1 中学校英文名称及 IBDP 授权时间数据引自 IBO 官网，学校中文名引自学校官网，数据截止时间为 2018 年 9 月 1 日。

（续表）

地区	学校名称		IBDP授权时间
北京	北京乐成国际学校	Beijing City International School (BCIS)	2007年
	北京德威英国国际学校	Beijing Dulwich International School	2007年
	北京加拿大国际学校	Canadian International School of Beijing	2009年
	中国人民大学附属中学	The High School Affiliated to Renmin University of China	2012年
	北京青苗国际双语学校-顺义校区	Beanstalk International Bilingual School-Shunyi Campus	2013年
	北京十一学校	Beijing National Day School	2013年
	北京英国学校	The British School of Beijing	2014年
	北京市海嘉双语学校	Beijing International Bilingual Academy	2015年
	北京市鼎石学校	Keystone Academy	2016年
	北京市第八十中学	Beijing No. 80 High School	2017年
	北京海淀国际学校	Beijing Haidian International School	2018年
	北京王府学校	Beijing Royal School	2018年
重庆	重庆耀中国际学校	Yew Chung International School of Chongqing	2017年

（续表）

地区		学校名称		IBDP 授权时间
福建	厦门	厦门岷厦国际学校	Manila Xiamen International School	2006 年
		厦门国际学校	Xiamen International School	2006 年
广东	东莞	东莞文盛国际学校	International School of Dongguan	2015 年
	佛山	广东碧桂园学校	Guangdong Country Garden School	2001 年
		广东顺德德胜学校	Guangdong Shunde Desheng School	2015 年
	广州	广州美国人国际学校	American International School of Guangzhou	2004 年
		广州誉德莱国际学校	Utahloy International School Guangzhou	2004 年
		增城誉德莱国际学校	Utahloy International School Zengcheng	2005 年
		广州南方外籍人员子女学校	Guangzhou Nanfang International School	2011 年
		亚加达国际预科	Alcanta International College	2012 年
	惠州	碧桂园十里银滩学校	Country Garden Silver Beach School	2017 年
	深圳	蛇口科爱赛国际学校	QSI International School of Shekou	2009 年
		深圳蛇口国际学校	Shekou International School	2010 年

（续表）

地区		学校名称		IBDP授权时间
广东	深圳	深圳市石岩公学	Shenzhen Shiyan Public School	2015年
		深圳南山国际学校	International School of Nanshan, Shenzhen	2016年
		深圳东方英文书院	Oriental English College, Shenzhen	2016年
		深圳外国语学校	Shen Wai International School	2017年
		深圳高级中学	Shenzhen Senior High School	2017年
	珠海	珠海国际学校	Zhuhai International School	2013年
湖北	武汉	武汉外国语学校	WHBC of Wuhan Foreign Languages School	2013年
吉林	长春	长春美国国际学校	Changchun American International School	2008年
		东北师范大学附属中学	High School Attached to Northeast Normal University	2012年
江苏	南京	南京国际学校	Nanjing International School	1999年
		南京师范大学附属中学	High School Affiliated to Nanjing Normal University	2007年
		南京外国语学校	Nanjing Foreign Language School	2012年
	苏州	苏州新加坡国际学校	Suzhou Singapore International School	2003年
		苏州德威英国国际学校	Dulwich College Suzhou	2010年

（续表）

地区		学校名称		IBDP 授权时间
江苏	苏州	华东康桥国际学校	Kang Chiao International School East China Campus	2015 年
		中国常熟世界联合学院	UWC Changshu China	2015 年
		苏州伊顿国际学校	EtonHouse International School, Suzhou	2016 年
		苏州工业园区外国语学校	Suzhou Industrial Park Foreign Language School	2016 年
		昆山加拿大国际学校	Canadian International School Kunshan	2017 年
		苏州工业园区海归人才子女学校	Overseas Chinese Academy Suzhou	2018 年
	无锡	波士顿国际学校	Boston International School	2011 年
		无锡市第一中学	Wuxi No. 1 High School	2012 年
		无锡市协和双语国际学校	Wuxi United International School	2015 年
	张家港	江苏省梁丰高级中学	Zhangjiagang Liang Feng International School	2011 年
	镇江	句容碧桂园学校	Jurong Country Garden School	2015 年

（续表）

地区		学校名称		IBDP 授权时间
山东	青岛	青岛美亚国际学校	Qingdao Amerasia International School	2014 年
		青岛耀中国际学校	Yew Chung International School of Qingdao	2016 年
陕西	西安	西安汉诺威国际学校	Xi'an Hanova International School	2014 年
		西安高新国际学校	Xi'an LiangJiaTan International School	2017 年
上海		上海中学	Shanghai High School	1995 年
		上海美国学校	Shanghai American School	2000 年
		上海平和双语学校	Shanghai Pinghe School	2003 年
		上海耀中外籍人员子女学校	Yew Chung International School Shanghai	2004 年
		上海新加坡外籍人员子女学校	Shanghai Singapore International School	2005 年
		上海协和双语学校	Shanghai United International School	2005 年
		上海德威外籍人员子女学校（浦东）	Dulwich College Shanghai Pudong	2006 年
		上海诺德安达双语学校浦东校区	Nord Anglia International School Shanghai，Pudong	2006 年

（续表）

地区	学校名称		IBDP 授权时间
上海	上海美国学校浦东校区	Shanghai American School (Pudong Campus)	2006 年
	上海英国学校	The British International School, Shanghai	2007 年
	上海社区国际学校虹桥校区	Shanghai Community International School-Hongqiao Campus	2008 年
	上海市世界外国语中学	Shanghai World Foreign Language Academy	2009 年
	复旦大学附属中学国际部	Fudan International School	2010 年
	上海社区国际学校浦东校区	Shanghai Community International School – Pudong Campus	2010 年
	上海尚德实验学校	Shanghai Shangde Experimental School	2010 年
	上海西华国际学校	Western International School of Shanghai	2010 年
	上海耀中外籍人员子女学校浦东校区	Yew Chung International School Pudong Shanghai	2010 年
	上海位育中学	Shanghai Weiyu High School	2011 年
	上海交通大学附属中学	High School Affiliated to Shanghai Jiao Tong University	2012 年

（续表）

地区		学校名称		IBDP 授权时间
上海		上海进才中学	Shanghai Jin Cai High School	2015年
		上海七宝德怀特高级中学	Shanghai Qibao Dwight High School	2015年
		上海市西中学	Shanghai Shixi High School	2015年
		上海惠灵顿外籍人员子女学校	Wellington College International Shanghai	2015年
		包玉刚实验学校	YK Pao School	2015年
		华东师范大学附属双语学校	East China Normal University Affiliated Bilingual School	2017年
		上海铭远双语高级中学	Shanghai Mingyuan Bilingual High School	2017年
		上海大学附属外国语中学（宇联学院）	Foreign Language Middle School Affiliated to Shanghai University (Ulink College)	2018年
		上海闵行区诺德安达双语学校	Nord Anglia Chinese International School (NACIS)	2018年
		上海外国语大学附属外国语学校	Shanghai Foreign Language School	2018年
四川	成都	成都美视国际学校	Chengdu Meishi International School	2009年

（续表）

地区		学校名称		IBDP 授权时间
四川	成都	成都树德中学	Chengdu Shude High School	2012 年
		成都乐盟国际学校	Léman International School	2014 年
		QSI 成都美国学校	QSI International School of Chengdu	2015 年
天津		天津国际学校	International School of Tianjin	2002 年
		天津实验中学	Tianjin Experimental High School	2008 年
		天津惠灵顿外籍人员子女学校	Wellington College International Tianjin	2013 年
浙江	杭州	杭州国际学校	Hangzhou International School	2014 年
	嘉兴	北京大学附属嘉兴实验学校	Peking University Experimental School (Jiaxing)	2017 年
	宁波	宁波华茂国际学校	Ningbo Huamao International School	2012 年
		宁波效实中学	Ningbo Xiaoshi High School	2013 年
澳门		联国学校	School of the Nations	2009 年
		澳门国际学校	The International School of Macao	2017 年
台湾		台北美国学校	Taipei American School	1981 年
		台北欧洲学校	Taipei European School	2002 年
		义大国际高级中学	I-Shou International School	2010 年

（续表）

地区	学校名称		IBDP 授权时间
台湾	高雄美国学校	Kaohsiung American School	2010 年
	康侨国际学校（台北校区）	Kang Chiao International School (Taipei Campus)	2015 年
	台北市私立奎山高级实验中学	Taipei Kuei Shan School	2015 年
	维多利亚双语中小学	Victoria Academy	2015 年
	明道中学	Mingdao High School	2018 年
香港	法国国际学校	French International School	1988 年
	汉基国际学校	Chinese International School	1991 年
	香港李宝椿联合世界书院	Li Po Chun United World College of Hong Kong	1991 年
	沙田学院	Sha Tin College	2000 年
	香港耀中国际学校	Yew Chung International School-Hong Kong	2000 年
	香港澳洲国际学校	Australian International School Hong Kong	2005 年
	港岛中学	Island School	2006 年
	英皇佐治五世学校	King George V School	2006 年
	南岛中学	South Island School	2006 年
	西岛中学	West Island School	2006 年

（续表）

地区	学校名称		IBDP授权时间
香港	香港加拿大国际学校	Canadian International School of Hong Kong	2007年
	苏浙公学国际部	Kiangsu-Chekiang College, International Section	2007年
	启新书院	Renaissance College Hong Kong	2007年
	沪江维多利亚学校	Victoria Shanghai Academy	2007年
	启思中学	Creative Secondary School	2010年
	拔萃男书院	Diocesan Boys' School	2010年
	香港学堂	Hong Kong Academy	2010年
	弘立书院	The Independent Schools Foundation Academy	2010年
	卡梅尔学校	Carmel School	2011年
	香港国际学院	International College Hong Kong	2011年
	保良局蔡继有学校	Po Leung Kuk Choi Kai Yau School	2011年
	新加坡国际学校(香港)	Singapore International School (Hong Kong)	2011年
	圣保罗男女中学	St Paul's Co-educational College	2011年
	香港华人基督教联会真道书院	The Hong Kong Chinese Christian Churches Union Logos Academy	2011年

（续表）

地区	学校名称		IBDP 授权时间
香港	智新书院	Discovery College	2012 年
	德瑞国际学校	German Swiss International School	2013 年
	宏信书院	ELCHK Lutheran Academy	2014 年
	保良局颜宝铃书院	Po Leung Kuk Ngan Po Ling College	2014 年
	圣司提反书院	St. Stephen's College	2014 年
	优才（杨殷有娣）书院	G. T. (Ellen Yeung) College	2018 年

附录 2
部分学生赛事介绍

中国高中生美式辩论联赛(National High School Debate League of China,简称 NHSDLC):该赛事致力于将美式辩论赛带到中国,为中国高中学生的英语学习、课外活动以及留学申请提供平台。比赛中,两人组成一队进行辩论。每轮辩论开赛前,双方需通过投掷硬币的方式来决定发言顺序或挑选立场。例如,胜方选择挑选正反方,则负方可以决定自己先发言或后发言。双方各进行一次立论发言,接着各进行两次驳论发言和一次总结陈词。此外,还有三次交叉攻辩环节,在这一环节中首个问题必须向刚结束发言的辩手提出,此后双方可自由进行质询和回答。

全美演讲与辩论联赛(National Speech and Debate Association,简称 NSDA):该赛事是美国历史最悠久、规模最大的中学演讲与辩论组织,也是世界演讲与辩论领域最大的专业教练会员组织。该比赛分成三个部分:辩论、演讲和朗诵。选手可以选择参加其中任意一项。通过比赛,选手们可以增强自己的学术能力以及公开演讲的能力,并且结交各路精英。

中国大智汇(China Thinks Big,简称 CTB):该赛事是面向全中国高中生的研究挑战赛。参赛同学会和 4～5 个伙伴结成一组，选择一个由官方给出的主题，进行历时 3 个月左右的研究。表现优秀的小组将有机会前往美国哈佛大学和斯坦福大学参加全世界总决赛。

中国青少年商业联盟（China Youth Business League，简称 CYBL）：该赛事是一场面向全中国高中学生的商业模拟联赛。每场比赛通常持续 2 个星期。参赛同学需要和 4～5 个同学组成一组，根据官方给出的一个虚拟商业问题进行研究。研究过程中，这些同学需要经历各式各样的考核。例如模拟商业运营、商业计划书撰写、商业概念辩论等。最终，每个地区会选出冠、亚、季军，以及单项优秀奖。获奖同学有机会参与全国比赛。

美国学术十项全能（United States Academic Decathlon，简称 USAD）：该赛事是面向高中生的学术性竞赛。竞赛包含 10 个科目，其中有 7 个客观题考试科目，分别为艺术、经济、文学、数学、音乐、科学以及社会科学；另外有 3 个主观考试科目：演讲、面试与写作。每年的比赛都有一个特定的主题。学生通过组成 6～9 人的团队进行竞赛，队伍内按照学术水平由高到低分为 3 个组别：荣誉组、学者组、队打组。队伍内每个学生都要参加 10 个科目的考试，与其他队伍相同学术组别的参赛者同台竞争，团队总分为团队内每个学术组别里总分最高的两位参赛者的总分之和，即由 6 位参赛者的总分构成。每个学术组别的每个科目以及个人总分都设有金、银、铜牌。

后 记

当敲完了“部分学生赛事介绍”的最后一个字时，我长吁了一口气。历时 15 个月的《IBDP 课程 200 问——给中国学生的 IB 学习手册》撰写工作，终于在此刻画上了圆满的句号。

回想过去 15 个月经历的种种，其实是害怕多于欣喜的。第一次发招新推文，烦请友人转发在各大微信群里，可是等了数夜都无人报名；第一次认真劲十足地制作报名表，但发出去后第一个星期基本没有回复；第一次心怀无限期待，以为招满 30 个人不成问题，结果等来的却是少得可怜的 9 份表单；第一次和四五十个帮我们一起完成书稿写作的人交流沟通，在平衡各种得失之间苦恼万分；第一次为了催进度而彻夜不眠；第一次知道自己花了数个月的努力成果要被删掉大半而感到五雷轰顶；第一次感受到写作同时还要兼顾 IBDP 的学习、标准化考试和人际交往这重重困难的多面打压……将这些经历码到纸上的时候，我真的感到很后怕。说老实话，我不知道自己是如何熬过这段日子的。也许是由于自己从小到大内心一直埋着的不轻易服输的这股劲，驱使我多次超负荷运转，跨过了一道道我从前害怕的坎。细细想来，不充满挑战的人生其实是无意义的蹉跎。即便知道今后肯定还会要加倍超负荷运转，我也愿无怨无悔地继续付出。

希望这本书能够为即将就读的 IBDP 新生、IBDP 在读生、家长和想要了解 IBDP 的人们提供一定帮助，哪怕只是一点点。

这本书得以完成，要感谢以下同学：上海市世界外国语中学陈远晴、金鸿、连怡程、李昕玥、林亦辰、马思瑗、单光霁、徐若晗、徐赛琳；包玉刚实验学校贺家晨；上海美国学校梁浩泓；中国常熟世界联合学院王裕昕；上海西华国际学校章固晶；上海耀中外籍人员子女学校张嘉源；上海中学国际部周子淳；上海七宝德怀特高级中学马家怡。感谢你们在本书编写过程中提供的 IBDP 各学科信息、学习经验、学校信息。还要感谢上海树英学会的邓璐、董堂荣、王颖杰、张道思，感谢你们对本书的宣传。

最后，还要感谢一直支持我的父母；感谢为此书撰写序言的岑晓华先生和林凡茗女士；感谢上海市世界外国语中学国际部的崔礼涛、何琦晶、康佳、孔莺莺、冉陶婧、沈岭、石静娟、徐卓成、吴嘉乐、於嵩和朱胤纲老师为本书审稿并提出相关指正；感谢创造并撰写这本书的前身《IB 求生：Survive the IB》的所有能人前辈：张卿宁、罗彦亭、钟安妮、陈天翼、董云翦、杜佳梦、顾行健、郝雨、吕佳宜、裴文睿、钱予忻、谈昇哲、温宇清、张可雨、朱景成、宗正。正是有了你们的分享让我在 IBDP 的求学路上得到诸多受益，因此，也才让我有勇气继续将这份分享坚持并扩大下去。

周泠仪

2018 年 10 月